Der alljährliche Wahnsinn

Werner Irro (Hrsg.)

Der alljährliche Wahnsinn

Die besten Satiren zum
Weihnachtsfest

Ellert & Richter Verlag

Inhalt

Der Weihnachtsbaum

Weihnachten für Fortgeschrittene

Werner Irro

Vorwort

Es gehört zum guten Ton, sich über Weihnachten lustig zu machen. Niemals böse, aber eben doch. In den Witzen, die wir machen, steckt das ganze Gefühlsdurcheinander aus Freude und Unsicherheit, Wehmut und Überdruss, das uns pünktlich ab Dezember heimsucht. Alle Jahre wieder hetzen wir von Erledigung zu Erledigung und von Termin zu Termin, von besinnlicher Adventszeit keine Spur. Er zieht auf wie ein schweres Gewitter, der alljährliche Wahnsinn, beginnt jedes Mal früher in den Geschäften, steigert sich von Adventssonntag zu Adventssonntag und kulminiert schließlich in den Stunden vor dem Fest in etwas, das zu erklären nur die Satire, die Kunstform der feinen Übertreibung, vermag. Sie „bläst die Wahrheit auf, damit sie deutlicher wird", wie Kurt Tucholsky schreibt.

Die Perspektive des Satirikers ist immer der scharfe Blick auf die Lebensbedingungen innerhalb eines Milieus. Dabei ist Weihnachten ergiebig wie kein zweites Datum, bündeln sich hier doch Wünsche und Erinnerungen, Zwänge und Konflikte wie an keinem anderen Tag des Jahres. Dieses Ereignis zwingt uns, uns dazu zu verhalten. Es wird deutlich, wie wir leben, und manchmal auch, wie wir gerne leben würden.

Kein Autor lässt sich diese reichen Pfründe an Pointen und Klischees entgehen. Doch kann man nur zuspitzen und karikieren, was Allgemeingut ist.

Tatsächlich ist das Ereignis größer als wir selbst, wobei sich religiöse und weltliche Aspekte überlagern. Ein Jahr kommt an sein Ende, ein Zeitenzyklus vollendet sich. Das Alte wird abgeschlossen, etwas Neues kann Gestalt annehmen. Die Zeit „zwischen den Jahren", die Spanne vom 25. Dezember bis zum 6. Januar, die *Zwölfnächte*, ist in den verschiedensten Kulturen und Religionen mit Bedeutung aufgeladen. In Rom, der ersten christianisierten Gesellschaft, wurden die Saturnalien gefeiert (Saturn war der Gott der Saat, gefeiert wurde, nachdem die Wintersaat ausgebracht worden war): ausgelassene Tage, in denen die Ordnung auf den Kopf gestellt wurde, die Sklaven waren jetzt die Herren, die Herren Bedienstete. Aus heidnischen Bräuchen und christlichen Wurzeln hat sich unsere spezielle Form entwickelt, wie wir Weihnachten feiern. Orientalische Elemente, die griechisch-römische Kultur, das Christentum und Bräuche aus dem germanischen und keltischen Norden fließen zusammen, wobei das skandinavische Julfest unserem Weihnachten seine besondere nordische Prägung gibt. Mit der Verbindung von Schnee, Kälte und unheimlicher Dunkelheit, Bilder, die von der vorchristlichen ägyptischen Vorstellung vom

Erscheinen eines göttlichen Kindes denkbar weit entfernt sind, hat Weihnachten die charakteristische Form erhalten, die seinen Zauber heute in aller Welt ausmacht. Die Bezeichnung „Weihnachten" leitet sich von dem Mittelhochdeutschen „ze den wîhen nahten", „in den heiligen Nächten", ab, während das englische „christmas" oder das französische „Noël" direkt auf die Geburt Jesu und damit auf die christliche Seite des Festes verweisen.

Die vorliegende Sammlung umfasst Texte aus hundert Jahren. Sie ermöglicht einen Blick auf die historische Entwicklung des Genres, zugleich bildet sie die Vielfalt erzählerischer Stimmen und thematischer Zugriffe ab.

Der Gegenstand des Weihnachtshumors hat sich seit Karl Valentin und Erich Kästner überraschend wenig gewandelt. Der Deutsche lacht schon immer über dieselben Schwächen und Übertreibungen. Vor hundert Jahren dominierte allerdings ein Aspekt den 24. Dezember, der jeder Weihnachtssatire heute fremd ist: Der Tag bot Anlass zum Nachdenken, zu einem Rückblick wie zu einem Blick in die Zukunft, verbunden mit Wünschen ganz konkreter politischer Natur. Ob Kurt Tucholsky scharf analytisch schreibt, Klabund illusionslos, Erich Kästner appellierend oder Joachim Ringelnatz lustvoll alles verdrehend – mit dem Ende des Ersten Weltkriegs wird das Weihnachtsfest ein

Datum für politische Appelle und ernüchterte Resümees.

Wenig später wird das Wünschen vom Kommerz abgelöst. Mit Karl Valentin beginnt die Konsumgroteske, eine Textsorte, die seither ganze Bücher füllt. Dass in erster Linie die Eltern (als Hypochonder, sentimentale Naturen oder Kinderbeschützer) in seinen Blick geraten, belegt seinen Realismus. Nüchterner bringt Erich Kästner die emotionale Kurvenfahrt auf den Punkt, die diese Ausnahmetage für alle Beteiligten bedeuten. Enttäuschte Erwartungen, Streit auf dem Höhepunkt des Festes der Liebe, Kinderschelte, pädagogischer Übereifer werden von ihm mit unvergleichlich leichtem Strich gezeichnet.

Heute fallen die unterschiedlichen Handschriften auf, mit denen Autoren dem Genre ihre individuelle Prägung aufdrücken. Angefangen bei Heinrich Bölls Klassiker von 1951 über die nicht mehr zu stoppende Tante Milla, in dem mit feinem Gespür für das Geflecht aus Verwandtschaftszwängen und dem Wunsch nach Abstreifen von sozialen Bindungen die Erosion einer Familie gezeigt wird, über Dieter Hildebrandts kabarettistische Meisterleistung der Verwandlung einfacher Gebrauchsgegenstände in wertvolle Lebensmittel bis hin zu der offensiv kein Fettnäpfchen auslassenden Sprache eines Hans Scheibner („Wer nimmt Oma?"). Weniger bekannte Texte wie die von Ludwig

Thoma, Ephraim Kishon, Arno Surminski oder Manfred Degen zeigen, wie „unheilige Weihnachten" auch aussehen können.

Peter Ustinov hat einmal gesagt, die Stunden vor der Bescherung seien auch die Stunden des Erzählens und Phantasierens. Dies Buch will genau dazu Lust machen.

Die Vorweihnachtszeit

Ruprecht, Ruprecht, guter Gast,
Hast du mir was mitgebracht?
Hast du was, dann setz dich nieder,
Hast du nichts, dann geh nur wieder!

Volksgut

Man kann sogar seine Gefühle nach dem Kalender regeln: zum Geburtstag, zum Gedenktag – und zu Weihnachten. Aber man muss welche haben.
Kurt Tucholsky

Rücksicht auf Verwandte ist die Wurzel allen weihnachtlichen Unglücks.
Jane Austen

Die besinnlichen Tage zwischen Weihnachten und Neujahr haben schon manchen um die Besinnung gebracht.
Joachim Ringelnatz

Dietmar Bittrich

Der Weihnachtsmarkt der Völker

Nichts ist unheilvoller als die Rückkehr zum Echten und Ursprünglichen. Besonders in der Weihnachtszeit. Am schlimmsten ist es, wenn zum Fest fremde Völker ihre sogenannten unverfälschten Bräuche präsentieren. Unschuldige Zuschauer können dabei leicht all ihr Hab und Gut verlieren. Ich weiß, wovon ich rede.

Es war in dem Jahr, in dem Oma Irmel uns besuchte. Wir hofften, sie wollte gemeinsam mit uns letzte testamentarische Fragen klären. Stattdessen wünschte sie, den berühmten Weihnachtsmarkt im Völkerkundemuseum zu besuchen. Ich war ihr Lieblingsenkel. Und das hieß: Ich musste mit.

Meine Großmutter war viel auf Reisen gewesen und hatte in ihrer Villa bereits eine scheußliche Andenkensammlung zusammengetragen, für die uns beim besten Willen kein zahlungswilliger Abnehmer einfiel. Nun wollte sie zur Auffrischung ihrer Erinnerungen ein paar weitere exotische Stücke erwerben und kostbares Geld – beinahe schon mein Geld – für eine hässliche flämische Spitzendecke vergeuden.

Der Weihnachtsmarkt der Völker fand statt zwischen polynesischen Rindenkanus und mexikanischen Kalksteinreliefs, im zweifelhaften Schutz von mongolischen Hanfsackbuddhas und geschnitzten afrikanischen Grabwächtern. In der Haupthalle des Museums, unter einer wandfüllenden Karte der Reiserouten James Cooks, hatten Köche fremder Kontinente eine lange Theke mit exotischer Weihnachtskost aufgebaut.

„Bananenbrei aus Guatemala", las Irmel von einer Tafel ab. „Nach Originalrezepten der Maya."

„Klingt nicht sonderlich spannend", sagte ich und wollte schon weitergehen.

„Wieso?", fragte sie. „In Guatemala bin ich doch gewesen! Das müssen wir kosten!" Mit der Würde einer Missionarsgattin schritt sie auf den Mayatisch zu. „Du bist mein Vorkoster!", bestimmte sie streng.

Ein Nachfahre indianischer Fruchtbarkeitsgötter rührte unermüdlich in einer Blasen werfenden Masse. Es roch modrig. „Wir können gern davon probieren", lenkte ich ein. „Aber besser später. Wenn wir wirklich Hunger haben."

„Ich habe jetzt Hunger", verkündete Großmutter. „Koste bitte."

„Probieren!", befahl nun auch der Mayakoch, tauchte eine Kelle in den Brei und holte eine sättigende Portion an die Oberfläche.

„Wir wollten doch zum Kunsthandwerk gehen", raunte ich, „zu den Spitzenklöpplerinnen aus Flandern!", während der Mayakoch eine dampfende aztekische Opferschale füllte.

„Erst probierst du!", wiederholte Irmel nachdrücklich und knabberte an einem pakistanischen Gewürzstern vom Nebentisch.

Widerwillig blies ich in den heißen Brei. Der Duft aller faulenden Sümpfe Mittelamerikas stieg auf. Da wies der Koch auch noch auf eine Schüssel voll grauem Puder: „Drüberstreuen!"

„Das ist doch auch alles unverfälscht echt und original?", fragte Oma Irmel misstrauisch.

„Alles echt und original!", versicherte der Koch und beharrte: „Drüberstreuen!"

Um der Völkerfreundschaft willen nahm ich einen Löffel voll und schnupperte an dem grauen Pulver.

„Vanille!", tadelte Irmel. „Backst du denn nie selbst? Mit echter Bourbonvanille?"

„Eher selten", murmelte ich.

„Du hast noch einiges zu lernen, mein Lieber."

Ich dachte an die Eigentumswohnung, die ich kaufen wollte, und an den kostendeckenden Beitrag, den Großmutters Erbschaft dazu leisten sollte, und nahm einen Mund voll echten guatemaltekischen Weihnachtsbrei. Er schmeckte nach Muff und Morast. Ich deutete auf den Vanilletopf.

„Lass es dir munden", wünschte Irmel fröhlich und begab sich zu den Marzipankartoffeln aus Neukaledonien.

Der Mayakoch streute eine weitere Prise Vanille über den Brei. „In diesem Jahr alles echt", sagte er. „Wie in alter Zeit. Wie es früher war."

„Nur in diesem Jahr?"

„In diesem Jahr zum ersten Mal. Für die europäischen Weihnachtsmärkte haben wir früher immer Kompromisse gemacht. Da haben wir zum Beispiel Vanille genommen. Aber jetzt ist alles echt."

„Heute keine Vanille?"

„Heute ganz traditionell die Asche der Vorfahren, die uns Geist und Kraft verleiht."

„Spekulatius aus gestampftem Maismehl!", hörte ich Irmel plötzlich begeistert rufen. „Mit Nüssen aus Bali!"

Ich erlaubte mir, den Ahnenbrei abzustellen und ihr zur Seite zu eilen. Es würde vor der restlichen Verwandtschaft ein ungünstiges Licht auf mich werfen, wenn unsere Großmutter an meiner Seite verblich. Aber sie kaute bereits schwärmerisch. „Delikat!"

Skeptisch inspizierte ich den Spekulatius. Eine Balinesin im Sarong sah freundlich zu. „Ist es möglich", fragte ich sie leise, während Irmel beflügelt weiterschritt, „dass diese kleinen weißen Zutaten gar keine Nüsse sind?" Die Dame lächelte charmant. „Sondern", fuhr ich fort, „dass aus jedem dieser weißen Würmchen im ungebackenen Zustand ein Schmetterling schlüpfen würde?"

„Nicht gerade ein Schmetterling", antwortete sie liebenswürdig. „Aber fliegen können sie auch."

Ein Anflug von Panik beschleunigte meinen

Schritt. Ich holte Irmel ein. „Lass uns jetzt bitte zum flandrischen Kunstgewerbe gehen", drängte ich und lehnte das knusprige kongolesische Rosinengebäck dankend ab. Natürlich ist es nur eine kulturelle Gewohnheit, ob man kleine schwarze Käfer verzehrt oder nicht. Aber mir war jetzt nicht mehr nach Völkerfreundschaft zumute.

„Mir ist das hier alles ein bisschen zu authentisch und echt." Ich spürte, wie der Ahnenbrei in meinem Magen rumorte.

„Was bist du nur für ein Hasenfuß!", äußerte Großmutter stirnrunzelnd. „Bist du wirklich mein Fleisch und Blut? Bist du überhaupt ein echter Bittrich?"

„Aber Oma, ja, ganz bestimmt, dein Erbe ist in mir lebendig!"

„Dann benimm dich gefälligst entsprechend."

Wir traten in den überfüllten Saal der Masken und Schattenspiele. Hier wurden Krippenfiguren feilgeboten. Engel-Mobiles, gläserne Glockenspiele und hölzerne Tannenbaumanhänger. Eine Papierkünstlerin aus Java schnitt formvollendet eine Engelskette zu. Gerade faltete sie stolz das Papier auseinander. Bravorufe erschallten.

Weil wir nahe am Tisch standen, wandte sich die Künstlerin an mich: „Nehmen Sie bitte mal?" Graziös hielt sie das eine Ende der Engelskette, ich ergriff das andere. Zog ich nun zu fest? Oder war es ein Trick? Als hätte ich allzu heftig gezerrt und gerissen, fielen auf einmal all die Engel, die sich eigentlich an den Händen halten sollten, einzeln herunter. Nur ein fetter javanesischer Teufel mit übertriebenen Geschlechtsmerkmalen blieb übrig. Ausrufe des Bedauerns brandeten an mein Ohr.

„Was machst du denn?", fragte Irmel entsetzt.

Die balinesische Künstlerin starrte erschrocken auf die Reste ihrer Engel.

„Nimm es einfach als unverfälschten Brauch!", schlug ich vor und zog Großmutter weiter. Sie strebte zu handgeschnitzten kirgisischen Steckpuppen, die man auseinandernehmen durfte.

„Wie in meiner Kindheit!", frohlockte sie und machte sich daran, die größte Puppe auseinanderzubauen, immer die nächstkleinere aus der größeren. Sie schaffte zwölf. Die dreizehnte ließ sich nicht mehr öffnen. Oder doch?

„Das geht auch noch!", behauptete ich, weil ich die feine Sägelinie erkannt hatte. Ein kurzes Drücken, ein geschickter Dreh, es knackte, und Irmel schrie auf. Aus dieser letzten Puppe entsprang eine winzige speckige Kröte und hüpfte, klebrige Kleckse hinterlassend, über den Tisch.

„Was ist denn nur los mit dir?", schnaubte Großmutter empört. „Willst du mir das Fest verderben?"

„Nein, nein, das ist Weihnacht bei fremden Völkern."

„Pah!" Sie marschierte trotzig weiter.

Am Stand schnurrbärtiger böhmischer Kunstschnitzer drehte sich müde eine hölzerne Weihnachtspyramide mit handgesägtem Flügelrad.

„Sieh da, sieh da", freute sich Irmel. Sie selbst hatte uns vor Jahren eine altfränkische Drehpyramide aufgenötigt, die ständig angeschoben werden musste und doch immer wieder stehen geblieben war, bis wir sie endlich im Kamin unseres Wochenendhauses verfeuert hatten.

„Genau so eine habe ich euch mal geschenkt", erinnerte sich Großmutter. „Macht sie euch Freude?"

„Wir sind stets aufs Neue davon begeistert", behauptete ich und gab dem lahmen böhmischen Exemplar einen schwungvollen Stoß.

Vielleicht hatte mir mein schlechtes Gewissen zu viel Kraft verliehen. Möglicherweise lag es auch an dem mexikanischen Ahnenbrei, der in meinen Eingeweiden rumorte. Oder aber die Kerzen entwickelten im plötzlichen Zugwind ungeahnten Antrieb. Jedenfalls sahen wir erschrocken zu, wie das Flügelrad schneller und schneller wurde und gar nicht mehr langsamer werden wollte. Im Gegenteil.

„Holla!", staunte Irmel und machte einen Schritt rückwärts, während die Pyramide beängstigend in Fahrt kam. Inzwischen drehte sie sich mit dem Tempo eines motorisierten Kettenkarussells. Schon konnten wir die vorbeirasenden Figuren nicht mehr unterscheiden.

Dann erreichte die Pyramide jene Geschwindigkeit, in der die Fliehkraft siegt.

„Bück dich!", rief ich nur.

Großmutter hielt sich bereits die Arme vor den Kopf. Erst löste sich eine rosige Hirtenfigur, zwei golden bemalte Sternsinger folgten hinterher, und schließlich rissen alle Figuren ab. Raketenhaft pfeifend schwirrten sie über die Köpfe der Umstehenden in den unendlichen Raum des Museums.

Die böhmische Kunstschnitzerfamilie starrte mit aufgerissenen Augen den Geschossen nach. Dann richteten sich ihre Blicke auf mich. Aber nur kurz. Denn jetzt setzte das Gerüst der Pyramide selbst, vom eigenen Propeller emporgezogen, brummend zu einem Senkrechtstart an. Irmel schrie auf. Die Pyramide torkelte durch die Luft wie ein betrunkener Hubschrauber, während die Zuschauer zurückwichen. Wie ein von Leonardo da Vinci entworfenes Fluggerät des Altertums erhob sich das hölzerne Gestell mühsam über Kopfhöhe, knatterte noch einmal in vergeblicher Hoffnung, geriet in Schieflage und stürzte dann zu Boden. Splitter, Empörung, Entsetzen.

„Ich kaufe das Teil", murmelte ich bebend, blätterte ein erhöhtes Bußgeld auf den Tisch und floh.

Irmel hatte sich bereits durch die Menge davongeschoben. Offenbar wollte sie keine Sekunde länger an meiner Seite gesehen werden. Es galt, mein Erbe zu retten. Dazu musste ich sie ohne weiteren Umweg zu ihrem erklärten Lieblingsziel bringen, zu den Trachten tragenden Spitzenklöpplerinnen aus Flandern. Ich hoffte, dass sie ihren Stand in der Nähe der Toiletten hatten. Der Ahnenbrei fing an zu wirken.

Zunächst ließ es sich nicht umgehen, sie an einigen in Zentralafrika geschnitzten Engeln vorbeizulotsen. „Das müssen wir nicht sehen", erläuterte ich. Denn die afrikanischen Figuren präsentierten in dreister Monumentalität ausgerechnet jene Körperteile, welche Engel, zumindest im Lichtkreis von Christbäumen, gewöhnlich verbergen. Auch die bunten bolivianischen Glasfiguren ergingen sich in Gesten, die im Andenhochland Heil bringend sein mochten; bei uns konnten sie nur als obszön durchgehen.

Ich fühlte mich verpflichtet, Irmel in unverfänglichere Gefilde zu lenken. Immerhin widmete sie sich seit Jahrzehnten ausschließlich dem Geistesleben und hatte die weniger abgeklärten Bereiche längst vergessen. Nur vage konnte ich mich an den Marmeladenfabrikanten erinnern, dessen Lebensversicherung und Pension sie als Witwe auf Kreuzfahrten verzehrte. Die meisten Länder, die im Museum vertreten waren, kannte sie von Studienfahrten, aber gewiss nicht mit allen hier zur Schau gestellten Nuancen.

„Bitte sehr", sagte ich erleichtert. „Eine herrliche Krippe." Der Bethlehemstall in der Größe einer Bernhardinerhütte war von Nepalesen aus Himalaja-Kiefern gezimmert worden. Nichts wich von der klassischen Weihnachtsgeschichte ab. Allenfalls das Stallinnere war etwas düster. „Hier macht man Licht", zeigte ich Großmutter und drückte einen Knopf an der Seite. Doch es war kein Lichtknopf. Sondern der Zapfen, der Dach und Seitenwand zusammenhielt.

Mit tapferem Einsatz versuchte ich, den Zusammenbruch des heiligen Stalls zu verhindern. Ein hölzernes Ächzen durchlief Dach und Wände. Ochs und Esel zitterten. Jetzt wurde die fromme Familie von einem mittelschweren Erdbeben erfasst. Ich hielt den Atem an. Der Stall blieb stehen. Danke. Allein der hölzerne Joseph, der nicht ganz so standfest gewesen war, schwankte bedenklich.

Als hätte er nur auf diese Gelegenheit gewartet, stürzte er auf die lächelnde Maria und riss sie um. Beide fielen ins Stroh.

„Dietmar, was machst du denn nun schon wieder!?", fragte Irmel fassungslos.

Die beiden heiligen Ehepartner lagen nun übereinander. Es war eindeutig. Sie schienen sich einer Freude hinzugeben, die weder dem Krippenkind noch den betrachtenden drei Königen geheuer war.

Sollte ich eingreifen? Joseph war zwar aus Holz. Aber wenn ich ihn so liegen ließ, konnte Maria unmöglich ihre Jungfräulichkeit behalten. Ich musste ihn von ihr losreißen und beide wieder aufstellen.

„Halt!", rief Großmutter. „Du rührst hier nichts mehr an! Merkst du denn nicht, was du anrichtest?"

Ein nepalesischer Holzschnitzer trat heran und besah die Szene.

„Dahinten werden Zinnfiguren gegossen!", beschwor ich Irmel und nickte dem Nepalesen vertraulich zu. „Am Stand Malaysias", fügte ich an und schob sie hastig weiter. Hinter uns brach der Stall zusammen.

Egal. In der kleinen Weihnachtsgießerei durften Besucher des Marktes Zinn über einem Bunsenbrenner schmelzen und eigenhändig in Gipsschablonen abfüllen. Die erkalteten Ergebnisse konnten am Nebentisch verziert werden. Dort ließen sich bereits diverse ergreifend schlichte Schöpfungen besichtigen: Engel, Sternchen, Weihnachtsbäume.

Hier waren wir genau richtig. „Was machst du nur?", wiederholte sie fassungslos.

„Der aztekische Ahnenbrei", gestand ich. „Oma, ich muss kurz mal anderswohin. Ich hole dich gleich hier wieder ab. Bis dahin gießt du ein paar schöne Zinnfiguren. Ist das in Ordnung?"

Sie nickte stumm.

Maya oder Azteken, Asche der Vorfahren oder Gebeine von Opfertieren, irgendetwas hatte meine Verdauung sonderbar angeregt. Und die peinlichen Vorkommnisse wirkten offenbar beschleunigend. Ich griff in den Korb mit den Gipsschablonen, legte Irmel ein paar zum Ausgießen hin und bahnte mir den Weg durch die umlagerten Erzgebirgsstände.

Pausbäckige Engelein waren zu stummen Chören versammelt, andere trugen huldvoll Blumenstängel oder spielten Harfe und Flöte. Alles ging schonend und traditionell zu. Eine ideale Umgebung für ältere Damen.

Etwas weiter lächelte ein zahnloser italienischer Madonnenschnitzer vor sich hin. Er war umnebelt von Wolken würzigen Rauches. Sie stiegen auf vom Tisch eines afghanischen Räuchermännchen-Schnitzers. Die Schnitzfiguren schmauchten und pafften in einem Ausmaß, das ich von heimischen Exemplaren aus dem Harz und Allgäu nicht kannte. Der Rauch indes kam mir bekannt vor. Diese spezielle Würze hatte ich bereits in unserem Treppenhaus bemerkt. Allabendlich drang dieser Duft aus der Tür der WG im Parterre. Ich verstand. Deshalb sah der benachbarte italienische Madonnendrechsler so glücklich aus.

„Können Sie mir sagen, wo ich mir die Hände waschen kann?", fragte ich ihn höflich.

Aus Mangel an weiterer Kundschaft winkte er mich heran. „So wird's gemacht!", erklärte er und wies auf ein Fläschchen mit Kontaktlinsenmittel. Autosterile Kochsalzlösung. Er nestelte kurz am Hinterkopf der Madonna und träufelte dann die Flüssigkeit hinein. „Madonna lacrimosa", schärfte er mir ein. „Und an besonderen Feiertagen das rote Fläschchen!" Wie zum Beweis hielt er es hoch.

In diesem Augenblick wurden die Augen der Madonna bereits feucht. Tatsächlich, sie weinte feine Tränen. „Ein Wunder!", rief er beseligt aus und hob die Hände. „Ein Wunder!" Einige Leute in der Nähe bekreuzigten sich.

„Die Toiletten sind dahinten", sagte der Madonnenschnitzer barmherzig und wies in die Richtung, aus der ich gekommen war.

„Wissen Sie auch, wo der flandrische Stand ist? Mit den Spitzendeckchen und klöppelnden Damen?"

„Alles dahinten", winkte er ab. Ein archaischer Fluchtinstinkt meldete sich in meinem Nervensystem. Nun musste ich wieder am Erzgebirgsstand vorbei. Und entweder hatte ich zu viel von dem Rauch eingesogen, oder die Erzgebirgler hatten umdekoriert. Ich sah kurzhälsige Engel Fratzen schneiden und unschicklichen Hobbys nachgehen. Einer setzte gerade eine winzige holzgeschnitzte Bierdose an den Hals, ein anderer drohte mit einem Beil, ein Dritter gar mit einer Stange Dynamit, zwei machten sich an einer Guillotine zu schaffen, und der letzte hielt eine winzige Maus am Schwanz hoch.

Mir war schwindlig, als ich Großmutter erreichte. „Ich weiß jetzt, wo die Spitzenklöpplerinnen sind", erklärte ich.

Irmel hatte erfolgreich zwei Zinnfiguren gegossen und löste sie eben aus der Gipsschale. „Apoll und Aphrodite", erläuterte sie. Doch es handelte sich um ein Manneken-Pis mit dem Schriftzug „Herren" darunter und ein vollbusiges „Damen"-Weib als Gefährtin.

„Was hast du mir denn da für Formen gegeben?", empörte sie sich.

„Du wolltest hierher", sagte ich schwach. „Komm, lass uns zu deinen Spitzendeckchen gehen. Die Waschräume sind auch dort irgendwo." Doch so leicht kam ich nicht davon.

„Sieh doch, diese Puppenköpfe!" Erneut blieb sie stehen. Aber ich wollte nicht mehr. „Fühl mal, ganz feines Leder. Und die Haare – wie Natur." Es war der Stand von Ecuador.

„Nichts Leder!", sagte der ausstellende Indio ärgerlich.

In der Ferne entdeckte ich wie Bethlehems Stern das Schild „Ausgang", daneben die beiden Symbole für Frauen und Männer.

„Bitte sehr, meine Dame, alle Schrumpfköpfe sind echt!", beharrte der Indio. „Und heute nicht teuer!"

„Entschuldige mich", hauchte ich und rannte los.

Ich muss in der Eile irgendwie das Zaumzeug der Beduinen beiseite gefegt haben, ebenso die weihnachtlichen Tanzhüte aus Kamerun. Es geschah nicht absichtlich. Ich stolperte über festliche burmesische Bogenharfen, iranische Bechertrommeln und einen Schädelhalter aus Neuguinea. Mehrmals wurde ich festgehalten, mit verzweifelter Kraft riss ich mich jedes Mal aufs Neue los. Erst unmittelbar vor dem Ausgang, am friedlichen Stand von Flandern, blieb ich endgültig hängen. Ich konnte mir nicht erklären, was mich bremste. Ich hörte nur, dass Aufregung entstand. Vorwürfe, Klagen, Geschrei.

Es war mir gleichgültig. Ich rappelte mich auf und wollte weiterhasten, aber nun schleppte ich etwas mit. Ich versuchte zu rennen, unmöglich, ich war wie gefesselt, doch der Ahnenbrei trieb mich unermüdlich an. Mit letzter Kraft erreichte ich das Treppenhaus mit den Türen der sogenannten Waschräume. Besetzt. Erschöpft lehnte ich mich an das Fensterbrett im Treppenhaus. Draußen hatte es zu schneien begonnen.

„Hier", hörte ich Großmutter sagen. „Das ist er."

Sie war mir nachgekommen, in Begleitung einiger in Tracht gekleideter Greisinnen vom Stand Flanderns. Sie betrachteten mich wortlos und in trauriger Resignation.

Nun bückte sich die Älteste ächzend und knüpfte einen weißen Faden von meinem Schuh. Penibel rollte sie ihn auf und schlich stumm und verhärmt in die Halle zurück. Hatte ich etwa diesen langen Faden mitgeschleppt?

„Alle Achtung", sagte Irmel im Vollbesitz ihre geistigen Überlegenheit. „Du hast es geschafft, das flandrische Ausstellungsstück, eine Spitzendecke für die Königin von Belgien, ein Tafeltuch für dreißig Personen, an dem diese arme alte Bäuerin siebzehn Jahre lang geklöppelt hat, in wenigen Minuten vollkommen aufzuribbeln."

Ich schluckte trocken. „Dann ist es wohl am besten", fiel mir ein, „wir verlassen das Gebäude gleich hier über den Notausgang."

Doch Oma Irmel war noch nicht fertig.

„Die Bäuerin, mein Lieber, wird an deiner Stelle als Erbin eingesetzt. Frohes Fest."

Arno Surminski

Der rosarote Kakadu

Das Unglück begann am ersten Advent, als Evelyn ihren Wunschzettel ausfüllte. Sie brachte ihn mit zum Frühstückstisch, legte ihn neben die einsam brennende Kerze und sagte: „Da ist er."

Mutter nahm die Brille, um einen Blick auf Evelyns bemühte Schönschrift zu werfen. Dann setzte sie die Kaffeetasse so heftig ab, dass ein Spritzer über den Rand schwappte. „Evelyn, ist das dein Ernst?"

An der Spitze aller Wünsche, doppelt unterstrichen und deutlich abgesetzt von Kleinigkeiten wie Skistiefeln und Musikkassetten, standen die Worte: Ein Papagei!

„Du meinst ein Stofftier?"

Evelyn schüttelte den Kopf. Der Vogel sollte leben, ungefähr einen halben Meter hoch sein und rosarot aussehen wie ein Flamingo. Um jeden Irrtum auszuschließen, hatte sie ein Bild auf die Rückseite gemalt. Da saß das übergroße Federtier mit ausgebreiteten Schwingen auf der Spitze eines Tannenbaums und krächzte in einer Sprechblase: „Evelyn!"

„Sieht aus wie ein Pleitegeier", sagte Bruder Boris.

Evelyn warf ihrem Bruder einen bösen Blick zu, bevor sie erklärte, dass ihr Papagei auf keinen Fall schon sprechen dürfe. Das wolle sie ihm selber beibringen, auch ein paar Brocken Englisch, dazu eine Geheimsprache, die nur sie und der Vogel verstünden.

Mutter versuchte, das rosarote Tier von der Spitze der Wunschliste zu verdrängen, indem sie von Teddybären, Barbiepuppen und schlappohrigen Hasen schwärmte, sogar eine Ziehharmonika ins Spiel brachte.

„Wenn du unbedingt etwas Lebendiges haben willst, wünsch dir eine Schildkröte", schlug Boris vor.

Vater legte die Zeitung aus der Hand und erklärte, zwei Tiere im Haus seien genug. Mit Susi, der weißen Katze, und Amadeus, dem Berner Sennenhund, wäre die Familie reichlich ausgestattet, ein Papagei würde nur das harmonische Gleichgewicht stören.

Evelyn blickte trotzig ins flackernde Licht der Adventskerze. Mutter nippte an der Kaffeetasse und erkundigte sich, ob diese Tiere fliegen könnten. Wenn ja, müsste sie ihre Kristallvasen in Sicherheit bringen, die Blumentöpfe von der Fensterbank räumen und zum Fest neue Gardinen aufhängen.

„Die meisten Papageien werden angekettet", behauptete der große Bruder.

Evelyn protestierte. „Ein Vogel an der Kette ist unmenschlich!", rief sie über den Tisch. „So wurden früher die Galeerensträflinge behandelt."

Vater brachte die Finanzen ins Spiel. So ein Papagei müsse von Neuguinea oder noch ferneren Gegenden per Schiff herbeigeschafft werden, das koste ein Vermögen und überschreite den Etat des Weihnachtsmannes erheblich.

Evelyn wollte gerade erklären, dass sie dem Weihnachtsmann behilflich sein und ein paar Scheine aus ihrem Sparschwein opfern könnte, als Oma den Raum betrat, einen schönen Advent wünschte, sich auf ihren Platz setzte und fragte, warum das Kind so traurig aussehe. Evelyn schob ihr den Wunschzettel hin. Oma setzte die Brille auf und bewunderte das rosarote Gemälde.

„Wenn das Kind den Vogel haben will, soll es ihn haben", erklärte sie kategorisch. „Unser Haus ist groß genug, um Hund, Katze, zwei schulpflichtige Kinder, eine alte Frau und einen Papagei zu ertragen."

Vater und Mutter warfen sich besorgte Blicke zu.

„Man kann sich ja viel wünschen", bemerkte Mutter. „Jeden Wunsch erfüllt der Weihnachtsmann sowieso nicht."

Zwei Tage vor dem Fest ging Oma zur Sparkasse, um eine stattliche Summe abzuheben. Sie bat Boris, mit ihr in die Stadt zu kommen, denn allein könne sie unmöglich einen Papagei, den dazugehörigen Käfig und ihren Krückstock tragen.

In der ersten Tierhandlung empfing sie ein Schwarm kleiner Vögel, vorherrschend in den Farben Grün und Gelb, Evelyns Wunschtier sollte aber rosarot und groß sein.

„Also ein Kakadu", erklärte die Verkäuferin und bedauerte, rosarote Papageien wären gerade nicht im Angebot. Die müssten in Neuguinea gefangen werden und würden per Schiff im neuen Jahr eintreffen.

Der zweite Laden besaß einen rosaroten Vogel, nämlich einen ausgestopften Flamingo, der über der Eingangstür baumelte und immer, wenn jemand den Raum betrat, mit den Flügeln schlug. Boris stellte sich gerade vor, wie eingeborene Jäger durch den neuguineanischen Urwald streiften, um für Evelyn einen rosaroten Kakadu zu fangen, ihn in Ketten zu legen und per Schiff zu versenden, als ein Vogel krächzend Laut gab. Er saß in einer Abseite auf der Stange, war rosarot und natürlich angekettet wie die Galeerensträflinge. Gelangweilt blickte er über die Besucher hinweg, vermutlich nach Neuguinea. Groß war er nicht, aber der Verkäufer erklärte, das Tier sei noch jung und werde wachsen. Außerdem sei diese Vogelart gelehrig, ein Kakadu lerne in kürzester Zeit sprechen, sogar Fremdsprachen seien ihm bald geläufig.

Der Vogel nickte. Von seinem Kopf löste sich ein rosa Flaum und taumelte wie ein Hauch zu Omas Füßen.

„Wie hält man so ein Tier sauber?", wollte sie wissen.

„Evelyn will ihn mit in die Badewanne nehmen", erklärte Boris.

Der Verkäufer behauptete, Kakadus seien von Natur aus sauber, weder morgens noch abends müssten sie gewaschen werden. Boris erwähnte die Waschmaschine im Keller.

Die Oma zahlte, was die Tierhandlung verlangte. Sie bekam ein Büchlein, in dem die Lebensgewohnheiten der Kakadus beschrieben waren, dazu eine Tüte mit Wegzehrung.

„Für den ersten Hunger", sagte der Verkäufer. Er erzählte, der Kakadu sei ein Tropenvogel, der die nordische Kälte schlecht vertrage. Scharfer Wind sei ihm zuwider, Schneestürme hasse er wie die Pest, am liebsten sitze er am Ofen.

Sie verpackten den Vogel in einem Pappkarton und flüchteten in den nächsten U-Bahn-Schacht.

Das letzte Wegstück lief Boris voraus, um Evelyn abzulenken, damit die Oma den Vogel unbemerkt durch die Hintertür ins Haus tragen konnte. Bis zur Bescherung am Heiligen Abend musste er in ihrer Stube bleiben. Die Oma schloss sich ein und behauptete, Kopfschmerzen zu haben. Als Boris spätabends an ihrer Tür lauschte, hörte er sie mit dem Vogel sprechen. „Evelyn, Evelyn", flüsterte sie immer wieder.

Endlich begann Weihnachten, das große Fest der Familie. Vater trug den Tannenbaum, der wochenlang im Garten gestanden und auf seinen Auftritt gewartet hatte, ins Haus. Evelyn und Boris durften dabei sein, auch Amadeus, der außer sich war und den Baum ankläffte, während Susi, die für feierliche Ereignisse wie Baum-in-die-Stube-Tragen keinen Nerv besaß, gelangweilt durch den Garten streunte. Die Oma entschuldigte sich mit Kopfschmerzen.

Nachmittags gingen sie wie immer in die Kirche, nur Oma blieb im Haus. Sie füllte die bunten Teller, legte die Geschenke auf den rechten Platz, beruhigte Hund und Katze, die aufgeregt durch die Zimmer irrten. Im Radio erklangen Weihnachtschöre. Die Winterdämmerung kroch durchs Fenster. Es duftete nach Pfefferkuchen. Wenn die Glocken das Ende des Gottesdienstes verkündeten, würde die Oma die Lichter anzünden und die Platte „O du fröhliche" auflegen. So war es immer gewesen, und nichts deutete darauf hin, dass es diesmal anders werden könnte.

„Hast du einen rosaroten Papagei gesehen?", flüsterte Evelyn ihrem Bruder zu, während vorn die Weihnachtsgeschichte gelesen wurde.

„Nur schwarze Krähen", antwortete Boris mit gefalteten Händen.

„Ich werde ihn Max nennen", sagte Evelyn. „Wenn Max richtig sprechen kann, wird er uns bei den Schularbeiten helfen, sogar bei den englischen Vokabeln, denn in Neuguinea sprechen die Menschen Englisch, und die Vögel natürlich auch."

Evelyn stellte sich vor, wie der rosarote Vogel auf ihrer Schulter saß und in die Schulhefte schaute.

„Tiere können so etwas", behauptete sie. „Sie sehen, was Menschen nicht sehen. Bestimmt können sie auch das Einmaleins."

Während Evelyn mit ihrem Vogel in Gedanken das Einmaleins übte, legte Oma für Vater die Krawatte unter den Baum und für Mutter einen goldenen Ring. Amadeus lag wie ein Bettvorleger an der Tür, blinzelte zu den geschmückten Tannenzweigen, Susi räkelte sich gelangweilt auf der Couch.

Zu guter Letzt kam Max. Oma holte ihn aus ihrem Zimmer, trug das rosarote Tier im Vogelkäfig die Treppe hinunter in die weihnachtlich geschmückte Stube. Der Hund schlug an, Susis Fell sträubte sich, sie machte einen Buckel und sprang auf die Fensterbank. Stumm saß der Vogel in seinem Käfig auf dem Tischchen neben dem Tannenbaum, im Radio sang Mahalia Jackson. Als der Kakadu, vom Gesang beflügelt, laut zu krächzen begann, sprang Susi fauchend auf den Käfig und versuchte, ihre Katzenpfote durch den Draht zu zwängen. Amadeus kam ihr zu Hilfe, indem er seine dicke Pranke aufs Vogelbauer schmetterte. Der Käfig sprang auf. Der Kakadu flatterte ins Freie, hielt sich wie die Artisten im Zirkuszelt am Kronleuchter fest. Die

Lampe schwankte, Amadeus heulte, Susi triumphierte auf dem leeren Käfig. Als die Oma die Katze berührte, sprühte das Tier Funken. Mit ihrer Krücke versuchte sie, den Vogel von der Lampe zu hangeln. Im Gleitflug schwebte der Kakadu zur Fensterbank, verfolgt von Hund und Katze. Zwei Azaleen stürzten in die Tiefe. Als Susi zum Sprung auf die Fensterbank ansetzte, flatterte der Vogel zur Spitze des Tannenbaums, schwebte dort wie Tarzan im Urwald. Die Oma drohte ihm mit der Krücke, und das Tier rief von oben herab: „Dumme Kuh!" Rote Kugeln fielen aus dem Geäst, zerplatzten auf dem Fußboden. Sterne schwebten in die Tiefe, ebenso Wattebäusche. Susi kletterte in den Baum. Der bekam Übergewicht, stürzte mit seiner ganzen Weihnachtspracht klirrend zu Boden, traf im Fallen den Hund, der laut aufjaulte und zur Tür sprang. Mehrmals umkreiste der Kakadu die Lampe, dabei das Schlachtfeld aus der Höhe besichtigend. Beim Versuch, durchs Fenster zu entfliehen, stieß er sich so heftig den Kopf, dass er abstürzte und benommen auf dem Boden liegenblieb. Schützend stellte sich die Oma vor den gefallenen Vogel. Mahalia Jackson sang immer noch „Stille Nacht, heilige Nacht".

Wie kam der Kakadu in den Apfelbaum? Weil die Oma fürchtete, Amadeus könnte den am Boden liegenden Vogel wie ein apportierender Jagdhund greifen und im Maul durchs Haus tragen, öffnete sie die Terrassentür, um den Hund in den Garten zu lassen. Der Vogel erwachte aus seiner Ohnmacht und schwebte über Omas Kopf hinweg ins Freie; Hund und Katze hinterher. Der Kakadu landete im Geäst des Apfelbaums, wo er furchterregend krächzte.

So standen die häuslichen Dinge, als die Familie in weihnachtlicher Hochstimmung die Kirche verließ und der Bescherung zustrebte. Flocken taumelten um die Straßenlaternen, hinter den Fenstern leuchteten Tannenbäume; in der Stadt läuteten immer noch Glocken.

„Ich werde Max Lieder beibringen", flüsterte Evelyn ihrem Bruder zu. „Er soll auch Gedichte aufsagen."

Als sie in die Straße einbogen, kam ihnen Amadeus im Schneegestöber entgegen. Er war außer sich, kläffte laut und sprang jeden an. Das Haus empfing sie mit Festbeleuchtung, sogar die Gartenlampe brannte. Die Tür sperrangelweit geöffnet, Susi schmollend auf der obersten Treppenstufe. Als sie die Kirchgänger kommen sah, flüchtete sie in die Ligusterhecke.

Von der Gartenterrasse hörten sie Geräusche, jemand schlug mit dem Krückstock aufs Eisengeländer.

„Ach, der schöne Tannenbaum!", jammerte Mutter, als sie die Stube betrat.

„Es muss ein Erdbeben gegeben haben", kommentierte Vater die Verwüstung.

Im Garten fanden sie Oma, in der einen Hand die Krücke, in der anderen das Vogelbauer. Ein rosarotes Etwas erhob sich aus den Zweigen des Apfelbaums, umkurvte im Tiefflug den Wäschepfahl und entschwand Richtung Dachrinne.

„Da geht er hin!", rief die Oma und drohte mit der Krücke.

Aus der Stube hörten sie einen Aufschrei, dann ein lautes Schluchzen. Mutters kostbare Bodenvase, unter Tannenzweigen und Lametta begraben, hatte einen Sprung bekommen.

„Mit einer Schrotflinte hätte ich das Aas vom Baum geschossen", schimpfte die Oma.

Der Schnee fiel heftiger.

„Nun bekommst du einen weißen Kakadu", rief Boris seiner Schwester zu.

„Dieses Wetter hält er nicht lange aus", meinte Vater. „Er wird bald wiederkommen."

Oma drohte mit der Krücke zum Dachfirst hinauf. Als Antwort ertönte ein heiseres Krächzen, dann schwebte ein mächtiger Schatten auf und davon in die Finsternis, überflog Dächer, umkurvte Lichtmasten, erhob sich zu Schornsteinen und Kirchtürmen.

„Morgen ist er ein Eiszapfen", jammerte Evelyn.

Sie begannen mit den Aufräumarbeiten. Vater richtete den Tannenbaum her, Mutter holte Besen und Schaufel, um die Trümmer zusammenzukehren. Die Oma saß grummelnd in der

Ecke und mümmelte von ihrem bunten Teller. Die ersten Kerzen brannten. Weil keiner Lust hatte, Weihnachtslieder zu singen, schaltete Vater das Radio ein. Immer noch sang Mahalia Jackson. Evelyn blätterte in einem Büchlein, das den Titel trug: „Vom Leben der Kakadus". Ab und zu trat sie ans Fenster und blickte traurig in die Nacht. Schließlich malte sie ein Pappschild:

Rosaroter Kakadu entflogen.

Gegen Belohnung abzugeben bei Evelyn.

Spätabends kehrte Ruhe ein. Vater entkorkte eine Flasche Rotwein. Evelyn zeigte ihr fertig gemaltes Schild, das sie in der Frühe an einen Straßenbaum hängen wollte; in der Endfassung war übrigens von einem rosaweißen Kakadu die Rede.

„Ich glaube, es schneit nicht mehr", sagte Mutter vor dem Schlafengehen.

Sie traten vor die Tür, blickten in den verschneiten Garten und dachten jeder auf seine Weise an Weihnachten, die himmlischen Heerscharen und ein bisschen auch an Max, den rosaroten Kakadu.

„Es wird Frost geben", sagte Vater.

In diesem Augenblick glitt ein Schatten lautlos durch die Nacht, setzte sich aufs Terrassengeländer, schüttelte den Schnee aus dem Gefieder, plusterte sich und rief laut und klagend: „Evelyn! Evelyn!"

Anneliese Röck

Ein Teufelstag im Advent

Dass ich nicht lache, das soll die stille, besinnliche Adventszeit sein? Wenn ich nur daran denke, was ich alles noch bis zum Weihnachtsfest erledigen muss, bekomme ich das Nervenfieber – keiner Sklavin würde man das zumuten. Und noch dazu ist heute ein solcher Teufelstag, an dem alles schiefgeht. An derartigen Tagen müsste sich der vernünftige Mensch eigentlich hinsetzen, die Hände in den Schoß legen und gar nichts tun, denn mit jedem Schritt beschwört man das Chaos herauf.

Aber welche Hausfrau kann sich das kurz vor Weihnachten schon leisten? Ich habe es versucht und bitter bereut. Gleich nach dem Mittagessen richte ich eine beschwörende Ansprache an Alfred und Regina, sie sollen sich um Himmels willen zehn Minuten ruhig verhalten, damit ich meine Nerven frei nach Yoga oder Buddha entspannen könne. Wie einsichtsvoll Kinder doch sind! Die dreijährige Regina rüstet sich mit einer Schere aus und beginnt wellige Streifen von einer Zeitung abzuschneiden: „Das wird Christbaumschmuck, lass mich arbeiten, gib Ruh!", erklärt sie mir. Alfred, der mit seinen fünf Jahren schon Kindergartendisziplin kennt, liest in Bilderbüchern.

Ich sinke in den tiefen Stuhl und schließe die Augen. – Ja wirklich, heute jagte der Teufel hinter mir her. Schon am Morgen riss er mir den Korb mit den leeren Bierflaschen vor der Wohnungstür aus der Hand, sodass die Flaschen klirrend auf den Steinstufen zersprangen und die Splitter und Scherben vom dritten Stock bis ins Parterre klirrten. Die Nachbarinnen, durch den Lärm angelockt, halfen mir, die Scherben aufzulesen und rekonstruierten mithilfe der dicken Glasböden die Anzahl der zerbrochenen Flaschen. „Trinkt das Ihr Mann allein, oder trinken Sie auch mit?", fragte mich Frau Steiner.

Im Selbstbedienungsladen fuhr ich einer Dame mit dem Einkaufswagen gegen das Schienbein, statt Haselnüssen erwischte ich gesalzene Erdnüsse, und auf dem Heimweg riss ich mir ein riesiges Loch in den Strumpf. Beim Blumengießen floss Wasser aus jedem Topf, und als ich es vom Boden aufwischte, stieß ich mir eine Beule über dem rechten Auge. Der Versuch, anstatt der Haselnüsse die gesalzenen Erdnüsse für die Kekse zu nehmen, ist auch nicht gelungen, aber das war ja wirklich eine verrückte Idee.

Die Kinder lachen. Entsetzt fahre ich hoch. Das Mädchen dekoriert Alfred mit dem selbst verfertigten Christbaumschmuck. Ich war tatsächlich eingeschlafen. Jetzt aber mit frischem Mut an die Arbeit! Ich schleudere mir im Badezimmer kaltes Wasser ins Gesicht. Kämmen muss ich mich auch. Da stockt mein Atem. Wie sehe ich denn aus?

Vorne am Haaransatz steht steif und borstig ein Haarbüschel von etwa einem Zentimeter Länge flott und waagerecht vom Kopf weg. Ich komme mir vor wie die Karikatur eines Einhorns. Regina kommt ins Badezimmer. „Ich dachte, dich stört diese Locke, weil du im Schlaf immer so komisch gezuckt hast. Ich hab sie ganz vorsichtig abgeschnitten. Jetzt bist du aber froh, gelt?"

Nun denn, wir gehen zu dritt in die Küche und backen die mürben Plätzchen, die schon seit Urgroßmutters Zeiten Weihnachten nicht fehlen dürfen. Ich kann sie schon nicht mehr riechen, diese kreisrunden Teiggebilde, die mit Marmelade zu Doubletten vereinigt werden, aber es geht nichts über Traditionsbewusstsein.

„Los, Kinder, wir machen die doppelte Menge: Eier, Butter, Zucker … verrühren – und so weiter. Alfred, nimm die Finger weg, du darfst keinen Teig essen!"

„Warum nicht?"

Ja, warum eigentlich nicht? Mir fällt in der Eile keine richtige Begründung ein, und so verkünde ich: „Vom Teig bekommt man Würmer im Magen!"

„Wer sagt denn das?", will Alfred wissen.

„Meine Großmutter!", trompete ich stolz aus.

„Ha, ha", schreit Regina, „du hast ja gar keine Großmutter!"

Jetzt gehört das Mehl in den Teig. Wie viel bloß? Da muss ich schnell ins Kochbuch schauen. Alfred presst seiner Schwester den runden Keksausstecher auf die Wange, sie schreit. Der Teig ist so weich heute! Regina zeichnet einen Weihnachtsbaum auf das gefettete, gestaubte Backblech. Alfred isst Teig – wenn ich mich umdrehe, sogar mit zwei Händen.

„Die Großmutter hat gesagt ...", fängt Regina wieder an. Die Plätzchen kleben schrecklich, und ich seufze erlöst auf, als das Blech im Rohr verschwindet. „Jetzt bist du aber froh!", meint meine Tochter. Ich bin wirklich froh, aber nur ungefähr eine Viertelstunde lang, denn als ich die Plätzchen aus dem Ofen ziehe, sind sie zu riesigen Fladen auseinandergeronnen. Ich weiß auch warum: Ich habe beim Mehl nur die einfache Menge genommen.

„Das sieht schrecklich aus, was wird Tante Anna dazu sagen!", stöhne ich.

„Weißt du was, wir essen sie gleich auf, dann sieht kein Mensch etwas davon", rät mein kluger Sohn.

Jetzt geschieht endlich das einzig Richtige, was man an so einem Tag machen kann. Ich setze mich mit meinen Kindern ins Wohnzimmer, wir zünden die Kerzen am Adventskranz an und essen einen mürben Fladen nach dem anderen. So gut haben mir die Plätzchen seit zwanzig Jahren nicht mehr geschmeckt.

Ein Schlüssel dreht sich im Schloss der Wohnungstür, der Vater kommt nach Hause. Er schnuppert. „Wie gut es bei euch riecht!" Er stellt die schwere Aktentasche nieder, zieht die Schuhe aus und setzt sich zu uns. „Ein Teufelstag heute im Büro", seufzt er, dann blickt er mich liebevoll an und meint: „Du hast es gut, du kannst den ganzen Tag so gemütlich zu Hause verbringen."

Ludwig Thoma

Der Christabend
Eine Familiengeschichte

Bei Oberstaatsanwalt Saltenberger hatten sie drei Töchter, Emerentia, Rosalie und Marie.

Alle im höchsten Grade fähig und entschlossen, dem ledigen Stande zu entsagen.

Das herannahende Weihnachtsfest brachte die geliebten Eltern auf den Gedanken, dass sie ihre Kinder am besten mit Männern bescheren würden, und sie überlegten lange, wie dieses zu ermöglichen wäre.

Mama Saltenberger meinte, ihr Mann sollte seine hervorragende Beamtenstellung in die Waagschale werfen und jüngere Kollegen durch die Macht seines Ansehens an ihre staatsbürgerlichen Pflichten erinnern. Saltenberger war nicht prinzipiell abgeneigt, aber er betonte, dass dieser Einfluss nur in ganz familiären Grenzen ausgeübt werden dürfe und dass man in der Wahl der Objekte sehr vorsichtig sein müsse.

In geheimer Beratung wurde zur engeren Wahl der zukünftigen Familienmitglieder geschritten.

Beide Eheleute einigten sich zunächst auf Karl Mollwinkler, zweiter Staatsanwalt. Er war ziemlich abgelebt, und sein kränklicher Zustand ließ hoffen, dass er sich nach der Pflege einer geliebten Frau sehne.

Als Zweiter ging Sebald Schneidler, königlicher Landgerichtssekretär, durch.

Nicht ohne Widerspruch. Frau Saltenberger fand die Stellung denn doch etwas subaltern. Ihr Mann hatte Mühe, sie zu überzeugen, dass die gegenwärtige Zeitrichtung die Standesunterschiede einigermaßen nivelliert habe und dass speziell in Heiratsfragen eine zu strenge Auffassung von Übel sei.

Schließlich kam man dahin überein, dass Schneidler sich in Anbetracht seiner sozialen Verhältnisse mit der ältesten Tochter, der vierunddreißigjährigen Emerentia, zu begnügen habe.

Die Aufstellung des dritten Kandidaten bereitete Schwierigkeiten.

Unter den Juristen fand sich trotz sorgfältigster Prüfung keiner mehr, der des Vertrauens würdig gewesen wäre.

Man musste wohl oder übel in eine andere Sparte hinübergreifen.

Aber auch da zeigten sich überall unüberwindliche Schwierigkeiten, und schon wollte der Oberstaatsanwalt an der gestellten Aufgabe verzweifeln, als im letzten Moment Frau Saltenberger den rettenden Gedanken fasste.

„Weißt du was, Andreas", sagte sie, „wir nehmen einfach einen von der Post. Da sind die meisten Chancen, denn fast alle Verlobungen, welche man an Weihnachten in der Zeitung liest, gehen von Postadjunkten aus."

Dieses leuchtete ihrem Manne ein, und er gab seine Zustimmung zur Wahl des Postadjunkten Jakob Geiger. Somit war die Sache gediehen; es galt nunmehr, die zur Bescherung Vorgemerkten unter die drei Töchter zu verteilen.

Und das war das Schwierigste.

Der Friede wich aus dem Hause des Oberstaatsanwalts Saltenberger.

Emerentia brach in Tränen aus, als die Eltern von dem Plane sprachen; sie sei immer das Stiefkind gewesen, die anderen Fratzen habe man verhätschelt und verzogen, nur sie sei misshandelt worden und jetzt solle sie sich mit einem Sekretär begnügen.

Vielleicht müsse sie noch Komplimente machen vor dem ekelhaften Ding, der Rosalie, die man natürlich zur Frau Staatsanwalt nehme, obwohl sie die Dümmste von allen sei. Aber nein! nein! und nein! Da kenne man sie schlecht. Sie lasse nicht auf sich herumtrampeln, und lieber verhindere sie den Plan, sodass gar keine einen Mann erwischen, als dass sie sich mit dem Affen von einem Sekretär abfinden lasse.

Ihr Widerstand war leidenschaftlich, aber nicht schlimmer als derjenige von Marie, welcher man den Postadjunkten zugedacht hatte. Sie war die Jüngste und durfte billig annehmen, dass sie auf dem Heiratsmarkt die besten Preise erzielen könne. Allerdings schielte sie, aber sie sagte sich, dass ein verständiger Mann solche Kleinigkeiten nicht beachte. Zudem, lieber schielen als einen Kropf haben wie Emerentia oder schlechte Zähne wie Rosalie.

Papa Saltenberger hatte böse Tage; während er auf dem Bureau weilte, sammelte sich daheim eine unglaubliche Menge Sprengstoff an, welcher regelmäßig beim Mittagstisch explodierte.

So ging das nicht. Die Eltern beschlossen, die drei Herren als Ganzes zu bescheren und die Wahl den Kindern zu überlassen.

Auf diese Weise hatten wenigstens sie Ruhe gefunden, wenngleich der Krieg unter den Schwestern fortdauerte. Emerentia stickte in heimlicher Abgeschlossenheit an einem Paar Pantoffeln, und bei jedem Stich wurde sie fester entschlossen, dieselben nur dem zweiten Staatsanwalt Mollwinkler zum Zeichen ihrer Liebe an die Füße zu stecken.

Rosalie häkelte einen Tabakbeutel, Marie strickte wollene Handschuhe.

Und jede wusste, wem sie die Gabe weihen würde. Alle drei zogen die Mutter ins Vertrauen, und da Frau Saltenberger einen gutmütigen Charakter hatte, sagte sie zu jeder verstohlen: „Kindchen, Kindchen, ich seh' dich noch als Frau Staatsanwalt."

Und jede war glücklich darüber. Erstens überhaupt, und dann, weil die zwei anderen Maulaffen vor Neid bersten würden.

So kam allmählich das heilige Weihnachtsfest heran mit seinem unvergesslichen Zauber

für die Familie, jener Tag, an welchem die Jung-
gesellen so ganz besonders Sehnsucht empfin-
den nach einem schöneren Los, nach einer lie-
benden Gattin und nach Kindern, welche mit
ihren Spielzeugen um den Christbaum tanzen.

O, welche Gefühle walteten in dem Haus des
Oberstaatsanwalts Andreas Saltenberger!

Das war ein Raunen und Flüstern, ein
geheimnisvolles Weben, ein Hin und Her, von
einem Zimmer in das andere, bis endlich um
sieben Uhr Vater, Mutter und die drei Töchter
sich im Salon versammelten, festlich geschmückt und sehr erwartungsvoll.

Jede der Schwestern erregte durch ihr rei-
zendes Aussehen die Freude der Eltern und das
verächtliche Mitleid der beiden anderen.

Es läutete. Das Dienstmädchen eilte zur Tür,
im Salon hielten fünf Menschen den Atem an.
Wer kam? Eine tiefe Stimme, unverständlich,
dann schlurfte das Mädchen zurück und über-
gab dem hastig öffnenden Papa einen Brief. Auf-
reißen und lesen. Sekretär Schneidler sagt mit
bestem Dank ab, da er heimreise. Die drei
Schwestern atmeten auf. Auf diesen Menschen
hatte keine reflektiert. Es läutete wieder. Das
Dienstmädchen überbrachte den zweiten Brief.

Die Absage des Herrn Staatsanwalts Mollwinkler wegen Unwohlseins.

Drei Lebenshoffnungen waren vernichtet;
der Vater blickte die Mutter an, die Schwestern
bissen sich auf die Lippen, und ihr Schmerz

wäre unerträglich gewesen, wenn sich nicht ein klein wenig Freude an der Enttäuschung der anderen darein gemengt hätte.

Was tun? Papa Saltenberger raffte sich auf und sagte mit erzwungener Höflichkeit: „Wozu auch fremde Menschen? Nun wollen wir das Fest so recht unter uns begehen!"

Da läutete es wieder. Und diesmal kam der königliche Postadjunkt Geiger, welcher noch niemals abgesagt hatte.

Er hatte es nicht zu bereuen. Er war der verhätschelte Liebling der Familie; er bekam ein Paar Pantoffeln, einen Tabakbeutel und wollene Handschuhe, viele Süßigkeiten, Äpfel und Nüsse.

Er trank einen sehr guten Wein und einen famosen Punsch, er aß Rheinsalm, Rehbraten und Pudding und bewunderte die Freigebigkeit der Familie, welche für ihn allein so reichlich auftragen ließ.

Er sagte allen Damen Liebenswürdigkeiten und ließ sich von jeder in der gehobenen Stimmung auf die Füße treten.

Und als er ziemlich betrunken den Heimweg antrat, sagte er sich, dass das Familienleben doch sein Gutes, besonders hinsichtlich der leiblichen Genüsse habe.

Und er verlobte sich am Silvesterabend mit der wohlhabenden Witwe Reisenauer, welche ein gut gehendes Geschäft am Marktplatz hatte.

Dieter Hildebrandt

Der Mohn ist ausgegangen
Wie man 1945 Mohnkließla machte

Man muss, ob Mann, ob Frau, kochen können in
diesen genussfreudigen Zeiten. Spitzenköche
beherrschen die Prominentenszene. Wer etwas
auf sich hält, kocht mit Berti, Bruni, Bio oder
schreibt Kochbücher, wird Menüreferent in
Großkonzernen, Juryteilnehmer bei Kochmeis-
terschaften oder eröffnet Agenturen für inter-
national renommierte Meisterköche. Gaumen-
festivals und Gipfeltreffen der Superköche werden vorbereitet, und sehr bald schon werden
wir die so lange schmerzlich vermisste Lukulli-
ade besuchen können. Wunderschöne Preise
sind bereits zu gewinnen: der Goldene Tiegel
von Aix-en-Provence, die Siegespfanne von Vils-
biebichstein, der Krummreuther Kochlöffel
und die Lederzunge der Uckermark.

Der deutsche Spitzenspeisenverzehrer mit
dem sensiblen Gaumen, der Weinkenner mit
dem überlegenen Wissen um die Genealogie
jeder einzelnen Rebe – sie beide haben die Szene betreten. Der deutsche Festmahltrampel hat
ausgedient. Er befindet sich in der Champions
League der Topgourmets. Seine Kritikfähigkeit
hat erstaunlich zugenommen. Aber auch seine
Kritikwilligkeit. Ich glaube gehört zu haben,
dass eine Dame in einem teuren Restaurant

spitz bemerkte: „Probier doch mal, Detlev, findest du nicht auch, dass der Kaffee korkt?" Vielleicht habe ich mich verhört. Dies alles bedenkend meine ich, dass es an der Zeit ist, sich an historische Rezepte aus hungrigen Zeiten zu erinnern, solange man als Zeuge dieser Jahre noch Auskunft geben kann.

Als meine Mutter uns am Weihnachtsabend 1945 zu Tisch bat, hatten wir gar keinen Tisch. Vater, Mutter und Bruder (3) waren kurz zuvor, im März des letzten Kriegsjahres, vom Pferdewagen heruntergestiegen und notdürftig in einem Zimmer untergekommen, das unmöbliert, aber beheizbar war. Im Oktober war ich zu ihnen gestoßen, nachdem ich ihre Adresse in den Flüchtlingskarteien gefunden hatte, und bereicherte die Wohngemeinschaft, die nun trotzig Weihnachten feiern wollte. Mutter sagte: „Vor ein paar Jahren noch hätte ich mir eins von diesen Kochbüchern genommen, in denen Rezepte vermerkt waren, die gewöhnlich so begannen: ‚Man nehme sieben bis acht Kilo Rindfleisch ...', und dann hätte ich zwei bis drei Tage gekocht, gebrutzelt und gebacken, jetzt habe ich nicht einmal die Kochbücher mit auf die Flucht nehmen können."

Dass wir keinen Tisch hatten, auf den etwas zu essen kommen sollte, war halb so schlimm, denn mein Vater hatte eine alte Tür aus einer Hausruine geschenkt bekommen und sie auf zwei Baumstümpfe gelegt, die er irgendwoher hatte. Erstaunlicherweise ist im Familienrat beschlossen worden, trotz aller Widrigkeiten die traditionellen schlesischen Mohnklöße zu essen. Tja, was nehme man da? Mutter meinte, man nehme Mohn, Milch, Zucker, Semmeln und streue darüber Puderzucker.

Im Oktober hatte diese Besprechung stattgefunden und die Nennung der nötigen Zutaten rief ein großes Gelächter hervor. Es war alles noch so, wie es bei Anbruch des Friedens schon gewesen war. Was es da alles nicht gegeben hatte, gab es ein paar Monate später nicht nur nicht, sondern noch viel weniger. Das Einzige, was als Verbesserung der Lage angesehen wurde: Es wurde nicht mehr geschossen. Und nun sollten in der Zeit, in der man Bauern um im Acker stecken gebliebene Kartoffeln bestehlen musste, Mohnklöße auf den Tisch! Auf den Tisch, der eine Tür war. Wir überlegten, besahen die Reste unseres Besitzes, Dinge, die in Panik auf den Pferdewagen geworfen worden waren und nun nutzlos in den Ecken herumlagen, und verwandelten sie in unserer Fantasie in Lebensmittel.

Hier nun das Rezept, nach dem meine Mutter die Mohnklöße in gewohnter Friedensqualität hergestellt hat. Man nehme ... die Erinnerung zu Hilfe, die einem sagt: „Dünne Scheiben von Semmel gemacht, werden zuerst in süßlicher Milch gebrüht." Woher nehme man sie, die Milch? Da nehme man den 6-Uhr-Zug, es fährt nur ein einziger früh am Morgen und einer spät am Abend, steige in Weiden (Oberpfalz) aus, versuche einen Zug nach Nabburg zu bekommen und, wenn das gelingt, gehe dann in südwestlicher Richtung zweieinhalb Stunden zu einem Dorf, denn dort wohnt ein guter Bekannter aus der Gegend von Hirschberg, der bei einem Großbauern arbeitet, der zwar ein Beamter des Reichsnährstandes gewesen ist, aber von diesem Bauern geduldet wird, weil er ein guter Melker zu sein scheint.

Natürlich war nicht daran gedacht, die Milch für die Mohnklöße auf diesem Bauernhof zu erhalten. Es wäre auch zu gefährlich gewesen, weil der Bauer auf bettelnde Fremde in der Regel seinen Hofhund hetzte. Nein, meine Mutter hatte sich das viel geschickter ausgedacht. Nach zwei Tagen kehrte sie zurück und meinte, für die Milch sei nun gesorgt. Mehr verriet sie nicht. Eine Woche später hielt ein klappriger Lastwagen vor dem Haus und holte unseren Teppich ab, der unser „Herrenzimmer" geschmückt hatte. Dafür ließ er uns eine Ziege da. Für die Milch war gesorgt. Woher aber sollten die „dünnen Scheiben von Semmel gemacht" kommen?

Sie kamen auf folgende Weise: Unsere kostbaren zwei Pferde durften im Kuhstall des Müllers stehen, wofür Vater natürlich Gegendienste leisten musste. Auf die schüchtern vorgetragene Frage, ob dabei nicht auch ein bisschen Mehl herausspränge, kam vonseiten des Müllers ein energisches Kopfschütteln. Zwei Tage später aber klopfte er an unsere Tür und machte einen Vorschlag, den Vater ohne lange zu überlegen annahm. Es stellte sich heraus, dass der Müller auch Probleme hatte. Er wollte seiner Frau unbedingt ein neues Porzellanservice zu Weihnachten schenken, wusste aber nicht, wie er zu einer Tankladung Benzin kommen sollte, die der Abteilungsleiter der ortsansässigen Porzellanfabrik für das Service forderte. Er kannte aber einen Mann, der im Motor-Pool der US-Army arbeitete, der Benzin in alle Richtungen laufen lassen konnte, dafür aber große Mengen erstklassiges Holz für den Winter forderte. Der Müller besaß ein ansehnliches Stück Wald und bot meinem Vater an, mit seinen beiden Pferden das geschlagene Holz aus dem Wald abzufahren und vor dem Haus des Benzinvermittlers aufzuschichten. Der Preis sollte ein Säckchen unbezahlbares Weizenmehl sein. Vater fuhr vier Tage lang. Aber das Mehl war da.

Nun aber verlangen Mohnklöße Folgendes: „Dünne Scheiben von Semmel ... (der Semmelscheiben, die aus Porzellan, Benzin und Feuerholz entstanden sind) ... werden zuerst in süßlicher Milch gebrüht ... (die, wir erinnern uns, aus dem Teppich entstanden ist) ... und in Schichten sauber getürmt, indes für Zwischenräume der Lage jegliche Schicht durchnetzt geschmolzener Zucker ...“ Man nehme also Zucker. Woher?

Da nehme man wieder den 6-Uhr-Zug nach Weiden, steige in den Zug nach Regensburg und versuche von dort aus in ein nahegelegenes Obstanbaugebiet zu kommen. Nach ein, zwei Tagen könnte man dort angekommen sein. Mit ziemlicher Sicherheit traf man auf dem Bahnhof Menschen, die auf dem Land hatten Obst pflücken dürfen, das schon ein wenig angeschlagen war. Um ihnen einen Teil der Äpfel abzuschwatzen, hatte meine Mutter Ziegenkäse gemacht und tauschte nun auch die Milch der Ziege, die unser Teppich gewesen war, in Fallobst ein. Das schleppte sie nun nach Hause und gab es einer Lebensmittelhändlerin, die darüber klagte, dass ihre Kinder zu wenig Obst bekämen.

Nun hatten wir auch Zucker. Aber keinen Mohn. Woher sollte man den in Bayern nehmen? Schlesien war ein Mohnanbaugebiet. Schon vor Christi Geburt gab es bei uns Mohn. Wer es nicht glauben mag, der sei daran erinnert, dass im schlesischen Dialekt das Wort „Mohgotl" vorkommt. Es bezeichnet einen Menschen, der ein bisschen dösig wirkt, verschlafen eben oder verträumt. Mohn macht dumm, hatte man uns Kindern beigebracht. Damit meinten sie vermutlich den Schlafmohn oder vielleicht gar den Mohnsirup Sirupus Papaveris, der schon bei den Römern als Schlafmittel galt.

Es gibt Theorien, die einen Zusammenhang zwischen Mohn, den Goten und den Römern vermuten. Dass die Goten ein paar Jahrhunderte in Schlesien verbracht haben, bevor sie sich entschlossen, den Untergang Roms zu beschleunigen und mit roher Gewalt ganz Italien heimzusuchen, muss ich nicht mehr erwähnen, denn das haben wir in der Schule gelernt. Hinzugelernt habe ich, dass ein Teil dieser Goten, es waren übrigens Südgoten, also ein Stamm, von dem nie jemand gesprochen hat, im Gegensatz zu den Ost- und Westgoten, die Mohnsüchtigen unter ihnen an der Oder abgesetzt hat. Und diese sind die bereits erwähnten „Mohgotl".

Ein solcher muss der Mensch gewesen sein, der seinen Mohnvorrat verkaufen wollte für eine Stange Chesterfield. Für sie haben wir schwere Opfer bringen müssen. Besonders unsere Ziege musste herhalten. Zwei Liter Milch und Mutters schönster Ring für ein paar Schuhe, die an einen Mitarbeiter von PX in der Patton-Kaserne gingen. Der hatte die Zigaretten völlig fantasielos einfach geklaut.

Es war geschafft. Am 24. Dezember aßen wir Mohnklöße! Schlesier *müssen* an diesem Tag Mohnklöße essen, weil ihnen damit garantiert wird, dass das Geld nicht ausgeht. Nach dem Essen haben wir sehr gelacht, denn wir stellten fest, dass wir gar keines hatten.

Aber wir hatten sehr, sehr gute Laune.

Bürgerliches Weihnachtsidyll

Schenken

Schenke groß oder klein,
Aber immer gediegen.
Wenn die Bedachten
Die Gaben wiegen,
Sei dein Gewissen rein.

Schenke herzlich und frei.
Schenke dabei,
Was in dir wohnt
An Meinung, Geschmack und Humor,
Sodass die eigene Freude zuvor
Dich reichlich belohnt.

Schenke mit Geist ohne List.
Sei eingedenk,
Dass dein Geschenk
Du selber bist!

Joachim Ringelnatz

Nichts ist so quälend, wie beim Auspacken eines Geschenks beobachtet zu werden.
Marcel Proust

Geschenke sind die einzige Form von Rache, die kultivierten Menschen noch bleibt.
Peter Ustinov

Wenn ich beim Festschmaus in die Runde sehe, fallen mir die besten Morde ein.
Alfred Hitchcock

Kurt Tucholsky

Weihnachten

So steh ich nun vor deutschen Trümmern
und sing mir still mein Weihnachtslied.
Ich brauch mich nicht mehr drum zu kümmern,
was weit in aller Welt geschieht.
Die ist den Andern. Uns die Klage.
Ich summe leis, ich merk es kaum,
die Weise meiner Jugendtage:
    O Tannebaum!

Wenn ich so der Knecht Ruprecht wäre
und käm in dies Brimborium
– bei Deutschen fruchtet keine Lehre –
weiß Gott! ich kehrte wieder um.
Das letzte Brotkorn geht zur Neige.
Die Gasse grölt. Sie schlagen Schaum.
Ich hing sie gern in deine Zweige,
    o Tannebaum!

Ich starre in die Knisterkerzen:
Wer ist an all dem Jammer schuld?
Wer warf uns so in Blut und Schmerzen?
Uns Deutsche mit der Lammsgeduld?
Die leiden nicht. Die warten bieder.
Ich träume meinen alten Traum:
Schlag, Volk, den Kastendünkel nieder!
Glaub diesen Burschen nie, nie wieder!
Dann sing du frei die Weihnachtslieder:
    O Tannebaum! O Tannebaum!

Kurt Tucholsky

Großstadt-Weihnachten

Nun senkt sich wieder auf die heim'schen Fluren
die Weihenacht! die Weihenacht!
Was die Mamas bepackt nach Hause fuhren,
wir kriegens jetzo freundlich dargebracht.

Der Asphalt glitscht. Kann Emil das gebrauchen?
Die Braut kramt schämig in dem Portemonnaie.
Sie schenkt ihm, teils zum Schmuck und teils
   zum Rauchen,
den Aschenbecher aus Emalch glasé.

Das Christkind kommt! Wir jungen Leute
   lauschen
auf einen stillen heiligen Grammophon.
Das Christkind kommt und ist bereit zu tauschen
den Schlips, die Puppe und das Lexikohn.

Und sitzt der wackre Bürger bei den Seinen,
voll Karpfen, still im Stuhl, um halber Zehn,
dann ist er mit sich selbst zufrieden und im
   Reinen:
„Ach ja, so'n Christfest is doch ooch janz scheen!"

Und frohgelaunt spricht er vom
    „Weihnachtswetter",
mag es nun regnen oder mag es schnei'n.
Jovial und schmauchend liest er seine
    Morgenblätter,
die trächtig sind von süßen Plauderei'n.

So trifft denn nur auf eitel Glück hienieden
in dieser Residenz Christkindleins Flug?
Mein Gott, sie mimen eben Weihnachtsfrieden …
„Wir spielen alle. Wer es weiß, ist klug."

Kurt Tucholsky

Weihnachten

Nikolaus der Gute
kommt mit einer Rute,
greift in seinen vollen Sack –
dir ein Päckchen – mir ein Pack.
Ruth Maria kriegt ein Buch
und ein Baumwolltaschentuch,
Noske einen Ehrensäbel
und ein Buch vom alten Bebel,
sozusagen zur Erheiterung,
zur Gelehrsamkeitserweiterung ...
Marloh kriegt ein Kaiserbild
und 'nen blanken Ehrenschild.
Oberst Reinhard kriegt zum Hohn
die gesetzliche Pension ...
Tante Lo, die, wie ihr wisst,
immer, immer müde ist,
kriegt von mir ein dickes Kissen. –
Und auch hinter die Kulissen
kommt der gute Weihnachtsmann:
Nimmt sich mancher Leute an,
schenkt da einen ganzen Sack
guten alten Kunstgeschmack.
Schenkt der Orska alle Rollen
Wedekinder, kesse Bollen –
(Hosenrollen mag sie nicht:
dabei sieht man nur Gesicht ...).

Der kriegt eine Bauerntruhe,
Fräulein Hippel neue Schuhe,
jener hält die liebste Hand –
Und das Land? Und das Land?
Bitt ich dich, so sehr ich kann:
Schenk ihm Ruhe –
      lieber Weihnachtsmann!

Kurt Tucholsky

Einkäufe

Was schenke ich dem kleinen Michel
zu diesem kalten Weihnachtsfest?
Den Kullerball? Den Sabberpichel?
Ein Gummikissen, das nicht nässt?
    Ein kleines Seifensiederlicht?
    Das hat er noch nicht. Das hat er noch nicht!

Wähl ich den Wiederaufbaukasten?
Schenk ich ihm noch mehr Schreibpapier?
Ein Ding mit schwarzweißroten Tasten;
ein patriotisches Klavier?
    Ein objektives Kriegsgericht?
    Das hat er noch nicht. Das hat er noch nicht!

Schenk ich den Nachttopf ihm auf Rollen?
Schenk ich ein Moratorium?
Ein Sparschwein, kugelig geschwollen?
Ein Puppenkrematorium?
    Ein neues gescheites Reichsgesicht?
    Das hat er noch nicht. Das hat er noch nicht!

Ach, liebe Basen, Onkels, Tanten –
Schenkt ihr ihm was. Ich find es kaum.
Ihr seid die Fixen und Gewandten,
hängt ihrs ihm unter Tannenbaum.
    Doch schenkt ihm keine Reaktion!
    Die hat er schon. Die hat er schon!

Klabund

Bürgerliches Weihnachtsidyll

Was bringt der Weihnachtsmann Emilien?
Ein Strauß von Rosmarin und Lilien.
Sie geht so fleißig auf den Strich.
O Tochter Zions, freue dich!

Doch sieh, was wird sie bleich wie Flieder?
Vom Himmel hoch, da komm ich nieder.
Die Mutter wandelt wie im Traum.
O Tannebaum! O Tannebaum!

O Kind, was hast du da gemacht?
Stille Nacht, heilige Nacht.
Leis hat sie ihr ins Ohr gesungen:
Mama, es ist ein Reis entsprungen!
Papa haut ihr die Fresse breit.
O du selige Weihnachtszeit!

Erich Mühsam

Weihnachten

Nun ist das Fest der Weihenacht,
das Fest, das alle glücklich macht,
wo sich mit reichen Festgeschenken
Mann, Weib und Greis und Kind bedenken,
wo aller Hader wird vergessen
beim Christbaum und beim Karpfenessen; – –
und groß und klein und arm und reich, – –
an diesem Tag ist alles gleich.
So steht's in vielerlei Varianten
in deutschen Blättern. Alten Tanten
und Wickelkindern rollt die Zähre
ins Taschentuch ob dieser Märe.
Papa liest's der Familie vor,
und alle lauschen und sind Ohr …
Ich sah, wie so ein Zeitungsblatt
ein armer Kerl gelesen hat.
Er hob es auf aus einer Pfütze,
dass es ihm hinterm Zaune nütze.

Erich Kästner

Weihnachtslied, chemisch gereinigt

Morgen, Kinder, wird's nichts geben!
Nur wer hat, kriegt noch geschenkt.
Mutter schenkte euch das Leben.
Das genügt, wenn man's bedenkt.
Einmal kommt auch eure Zeit.
Morgen ist's noch nicht so weit.

Doch ihr dürft nicht traurig werden.
Reiche haben Armut gern.
Gänsebraten macht Beschwerden.
Puppen sind nicht mehr modern.
Morgen kommt der Weihnachtsmann.
Allerdings nur nebenan.

Lauft ein bisschen durch die Straßen!
Dort gibt's Weihnachtsfest genug.
Christentum, vom Turm geblasen,
macht die kleinsten Kinder klug.
Kopf gut schütteln vor Gebrauch!
Ohne Christbaum geht es auch.

Tannengrün mit Osrambirnen –
lernt drauf pfeifen! Werdet stolz!
Reißt die Bretter von den Stirnen,
denn im Ofen fehlt's an Holz!
Stille Nacht und heil'ge Nacht –
weint, wenn's geht, nicht! Sondern lacht!

Morgen, Kinder, wird's nichts geben!
Wer nichts kriegt, der kriegt Geduld!
Morgen, Kinder, lernt fürs Leben!
Gott ist nicht allein dran schuld.
Gottes Güte reicht so weit ...
Ach, du liebe Weihnachtszeit!

Erich Kästner

Brief an den Weihnachtsmann

Lieber, guter Weihnachtsmann,
weißt du nicht, wie's um uns steht?
Schau dir mal den Globus an.
Da hat einer dran gedreht.

Alle stehn herum und klagen.
Alle blicken traurig drein.
Wer es war, ist schwer zu sagen.
Keiner will's gewesen sein.

In den Straßen knallen Schüsse.
Irgendwer hat uns verhext.
Lass den Christbaum und die Nüsse
diesmal, wo der Pfeffer wächst.

Auch um Lichter wär es schade.
Hat man es dir nicht erzählt?
Und bring keine Schokolade,
weil uns ganz was andres fehlt.

Uns ist gar nicht wohl zumute.
Kommen sollst du, aber bloß
mit dem Stock und mit der Rute.
(Und nimm beide ziemlich groß.)

Breite deine goldnen Flügel
aus, und komm zu uns herab.
Dann verteile deine Prügel.
Aber, bitte, nicht zu knapp.

Lege die Industriellen
kurz entschlossen übers Knie.
Und wenn sie sich harmlos stellen,
glaube mir, so lügen sie.

Ziehe denen, die regieren,
bitteschön, die Hosen stramm.
Wenn sie heulen und sich zieren,
zeige ihnen ihr Programm.

Und nach München lenk die Schritte,
wo der Hitler wohnen soll.
Hau dem Guten, bitte, bitte,
den Germanenhintern voll!

Komm, und zeige dich erbötig,
und verhau sie, dass es raucht!
Denn sie haben's bitter nötig.
Und sie hätten's längst gebraucht.

Komm, erlös uns von der Plage,
weil ein Mensch das gar nicht kann.
Ach, das wären Feiertage,
lieber, guter Weihnachtsmann!

Joachim Ringelnatz

Die Weihnachtsfeier des Seemanns Kuttel Daddeldu

Die Springburn hatte festgemacht
Am Petersenkai.
Kuttel Daddeldu jumpte an Land,
Durch den Freihafen und die stille heilige Nacht
Und an dem Zollwächter vorbei.
Er schwenkte einen Bananensack in der Hand.
Damit wollte er dem Zollmann den Schädel
    spalten,
Wenn er es wagte, ihn anzuhalten.
Da flohen die zwei voreinander mit
    drohenden Reden.
Aber auf einmal trafen sich wieder beide im
    König von Schweden.

Daddeldus Braut liebte die Männer vom Meere,
Denn sie stammte aus Bayern.
Und jetzt war sie bei einer Abortfrau in der Lehre,
Und bei ihr wollte Kuttel Daddeldu
    Weihnachten feiern.

Im König von Schweden war Kuttel bekannt als
    Krakehler.
Deswegen begrüßte der Wirt ihn freundlich:
    „Hallo old sailer!“
Daddeldu liebte solch freie herzhafte Reden,
Deswegen beschenkte er gleich den König von
    Schweden.

Er schenkte ihm Feigen und sechs Stück Kolibri
Und sagte: „Da nimm, du Affe!"
Daddeldu sagte nie „Sie".
Er hatte auch Wanzen und eine Masse
Chinesischer Tassen für seine Braut mitgebracht.

Aber nun sangen die Gäste „Stille Nacht,
    Heilige Nacht",
Und da schenkte er jedem Gast eine Tasse
Und behielt für die Braut nur noch drei.
Aber als er sich später mal darauf setzte,
Gingen auch diese versehentlich noch entzwei,
Ohne dass sich Daddeldu selber verletzte.

Und ein Mädchen nannte ihn Trunkenbold
Und schrie: Er habe sie an die Beine geneckt.
Aber Daddeldu zahlte alles in englischen
    Pfund in Gold.
Und das Mädchen steckte ihm Christbaum-
    konfekt
Still in die Taschen und lächelte hold
Und goss noch Genever zu dem Gilka mit Rum
    in den Sekt.
Daddeldu dachte an die wartende Braut.
Aber es hatte nicht sein gesollt,
Denn nun sangen sie wieder so schön und so laut.
Und Daddeldu hatte die Wanzen noch nicht
    verzollt,
Deshalb zahlte er alles in englischen Pfund in
    Gold.

Und das war alles wie Traum.
Plötzlich brannte der Weihnachtsbaum.
Plötzlich brannte das Sofa und die Tapete,
Kam eine Marmorplatte geschwirrt,
Rannte der große Spiegel gegen den kleinen Wirt.
Und die See ging hoch und der Wind wehte.

Daddeldu wankte mit einer blutigen Nase
(Nicht mit seiner eigenen) hinaus auf die Straße.
Und eine höhnische Stimme hinter ihm schrie:
„Sie Daddel Sie!"
Und links und rechts schwirrten die Kolibri.

Die Weihnachtskerzen im Pavillon an der
    Mattentwiete erloschen.
Die alte Abortfrau begab sich zur Ruh.
Draußen stand Daddeldu
Und suchte für alle Fälle nach einem Groschen.
Da trat aus der Tür seine Braut
Und weinte laut:
Warum er so spät aus Honolulu käme?
Ob er sich gar nicht mehr schäme?
Und klappte die Tür wieder zu.
An der Tür stand: „Für Damen".

Es dämmerte langsam. Die ersten Kunden
    kamen,
Und stolperten über den schlafenden Daddeldu.

Das Christbaumbrettl

Originalscene von Karl Valentin und Liesl Karlstadt

Eine armselige Stube, rechts Türe – Mitte ein Fenster – Aussicht auf eine Frühlingslandschaft mit blühenden Bäumen. Ein altes Eisenöfchen, ein kleiner runder Tisch, darüber eine Hängelampe. Beleuchtung: Abendstimmung bei Lampenschein. – Bevor sich der Vorhang hebt, beginnt die Musik mit dem Liede „O du fröhliche, o du selige gnadenbringende Weihnachtszeit". In der Mitte des Chorals geht der Vorhang hoch – das Lied wird zu Ende gespielt, die Weihnachtsglocken läuten feierlich dazu.

Mutter *(sitzt am Tisch, weinend den Kopf in die Hände gestützt, spricht)*: Die Weihnachtsglocken läuten; o hätte ich nie mehr diesen Tag erlebt. Jch kann keine Freude mehr haben. Mein Sohn, mein Alfred, er ist ja nicht mehr bei mir, er ist hinausgezogen in ein fernes Land, aus dem er wohl nie wieder zurückkehren wird. Ach Alfred, warum hast du mir das angetan! Er ist nach Oberammergau gegangen, er wollte Fremdenführer werden; aber als er hinkam nach Oberammergau waren die Passionsspiele bereits schon lange beendet. Ach Alfred, was Blöderes hätte dir gar nimmer einfallen können. Die alten Augen sind müde vor Weinen und das Bild ist schon so verstaubt, ich kann ihn gar nicht mehr sehen. Pfui! *(spuckt auf das Bild und wischt es mit dem Taschentuch ab)* – so jetzt ist es besser, jetzt schaut er wieder so frisch in die Welt, dass man seine Freude daran haben kann. *(wirft das Bild ein paar Mal in die Höhe)* – Ach ja! – *(zündet sich eine Zigarre an)* Wo nur mein Mann so lange bleibt? Mein guter Mann – diesen langweiligen Uhu, habe ich heute auf den Viktualienmarkt geschickt, dass er ein Christbäumchen heimbringt für die kleinen Kinder und nun kommt er solange nicht heim. Jch glaub, dass er gar nimmer heimfindet, der alte Depp. Es wird ihm wohl nichts passiert sein. Es ist schon so spät, die Sonne muss auch schon bald aufgehen. 1 – 2 – 3 – *(Sonne geht auf)*. Aha, da ham mas schon. Jch muss doch nachschaun, wo er sich momentan wieder herumtreibt. *(nimmt Telefon)* Sebastian, wo bist du denn augenblicklich? So, am Viktualienmarkt gehst du grad? – Hast schon ein Christbäumchen? – Dann ist's schon recht – geh nur glei heim! Gib Obacht, wenn du über die Straße gehst, dass dich keine Frau überfährt mit'n Kinderwagl. *(Es klopft)* Ja herein! Also adje, Sebastian, komm nur gleich! – ich wart auf dich – Grüß dich Gott, Sebastian! *(klopft)* Ja herein! *(hängt Telefon auf)*

(Im selben Moment kommt Mann mit Christbaum herein)

Ah, da ist er ja! – Jm Moment hab ich mit dir noch telefoniert und jetzt bist du schon da.

Vater: Ja, ich hab glei eing'hängt und bin glei herg'laufen.

Mutter: Das ist recht – da hast ja 's Bäumerl, ah der is nett – wunderschön.

Vater: No ja, kindisch is er halt.

Mutter: Er g'hört ja auch nur für d'Kinder.

Vater: Ja, ich war in zwei Christbaumfabriken und da hams mir den geb'n.

Mutter: Ja da is ja kein Christbaumbrettl dran, hast du's verloren? Jch hab doch ausdrücklich g'sagt, du sollst an Baum mit Brettl bringen.

Vater: Ja der hat ja keins.

Mutter: Das seh ich ja, dass er keins hat.

Vater: Wie kannst'n das sehn, wenn keins dran ist?

Mutter: Aufg'schrieb'n hab' ich dir's sogar, an Baum *mit* Brettl!

Vater: Ja, die haben lauter Bäum mit Brettl g'habt, das war der einzige *ohne* Brettl.

Mutter: Und den hast extra rausgesucht?

Vater: Aber so ist er doch viel natürlicher, im Wald wächst er doch auch *ohne* Brettl.

Mutter: Aber den kann man doch nicht brauchen, den kann ich ja nicht hinstellen am Tisch.

Vater: Dann leg'n man halt heuer hin – jetzt ham man 15 Jahre lang hing'stellt, jetz leg'n ma amal heuer hin.

Mutter: Jch möchte doch den Baum aufputzen. Jch habe solche Sprüch g'macht bei den Kindern, ich hab g'sagt, wenn du kommst, dann kommt 's Christkindl auch gleich. Und jetzt bringt er an Baum ohne Brettl! Da wär's mir schon lieber g'wes'n du hättst bloß a Brettl bracht und gar koan Baum.

Vater: Am Brettl allein hätten die Kinder auch kei Freud g'habt.

Mutter: Aber so kann ich ihn nicht hinstellen!

Vater: Ja, dann halt ich ihn halt.

Mutter: Geh, du kannst doch nicht bis am heiligen Dreikönigstag so dastehen und kannst den Baum halten.

Vater: Warum nicht, ich hab ja so nichts zu tun, ich bin ja arbeitslos.

Mutter: Aber da sind doch noch 14 Tag hin, du kannst doch nicht Tag und Nacht den Christbaum halten, du musst doch auch manchmal wieder amal nausgehen.

Vater: Dann nimm ich ihn mit.

Mutter: Das kannst dir denken – jetzt gehst da hin, wo du den Baum gekauft hast und tauscht'n um, sagst, sie sollen dir an andern geben.

Vater: Na, na, der is froh, dass er den anbracht hat.

Mutter: Dann muss ma halt selber a Brettl hinmachen.

Vater: Ja, ich geh zu der Hausmeisterin und hol a paar Bretter vom Hof rauf, da schneiden wir a Stück runter.

Mutter: Holst einfach so ein kleines Brett rein, das machen wir hin.

Vater: So ein Stück Brett halt.

Mutter: Aber zieh dich zuerst aus.

Vater: Ganz?

Mutter: Dein Mantel und dein Hut – aber leg mir an Hut nicht auf's Bett nauf, sonst zerlauft der ganze Schnee.

Vater: Der z'lauft nicht, das ist ja ein Christbaumschnee.

Mutter: Jetzt geh nur.

Vater: Jch trag jetzt mein Raglan naus und hol die Bretter *(geht ab)*

Mutter: So ein schönes Bäumchen hat er bracht, er ist ein guter Mann aber ein furchtbares Rindvieh – bringt er einen Baum ohne Brettl daher. – *(Kindergeschrei)* Pst! – ja wer hat denn das Kind verkehrt herg'legt, da steigt ja 's ganze Blut in den Kopf. *(Kindergeschrei)* Ja, sei nur still – Hundsbangert, hör doch auf, der ist gewiss wieder nass *(legt das Kind auf den Tisch)* Ja, ja ich werde dich gleich trocken legen. *(nimmt Tintendrücker und trocknet das Kind damit, Kind schreit immer noch)* Jetzt sei doch ruhig – wart ich werd' dir ein Wiegenlied blasen. *(holt Posaune)* So mein Kind, jetzt pass schön auf. *(bläst)* Schlaf Kindlein schlaf u.s.w. *(beim letzten Ton ist das Kind eingeschlafen.)*

Vater: *(kommt herein mit zwei langen Brettern, stößt alles um, verhängt sich mit der Hängelampe, stößt den Tisch um, Fliegenfänger pappt ihm im Gesicht, er gerät in verzweifelte Situation, Mutter will ihm helfen)*

Mutter: Da nimms Kind! *(trägt Posaune ab)*

Vater: Nimm mir doch die Bretter ab!

Mutter: Mein Gott, wie der 's Kind hat! Mein Gott, ist das was! *(hilft ihm aus der Situation)*

Vater: Sind die Bretter recht?

Mutter: Was hast denn jetzt da für lange Bretter bracht, waren denn keine längeren mehr da?

Vater: Na, dös war des längste.

Mutter: Ja dann hol eine Säge und schneid ein Brettl runter!

Vater: Ja, dann hol ich jetzt ein Stück Säge.

Mutter: Und ich heiz einstweilen ein.

Vater: *(kommt mit der Säge – legt den Christbaum der Länge nach auf das Brett)* Das gibt drei Christbaumbrettln.

Mutter: O Gott, o Gott, raucht der Ofen wieder!

Vater: Hast'n höchstens angezunden.

Mutter: Dummes Gered! Vor zwei Jahr hab ich schon zu dir g'sagt, du sollst den Kaminkehrer holen.

Vater: Jch telefonier ihm halt, weißt du die Kaminnummer? *(telefoniert)* Wie bitte? Die Nummer wissen wir beide nicht, Fräulein.

Mutter: Wer ist denn eigentlich da?

Vater: Wir sind falsch verbunden, der König Herodes hat glaube ich grad gesprochen.

Mutter: *(reißt ihm das Hörrohr aus der Hand)* Wer ist denn da? Wie? – Ah Grüß Gott!

Vater: Wer is denn?

Mutter: Die Frau vom Kaminkehrer ist da! Grüß Gott Frau Kaminkehrersgattin! Jst ihr Mann daheim? Geh', sagns zu ihm, er soll gleich rüberkommen. *(Vater spricht dazwischen)* sag'ns bei uns raucht der Ofen.

Vater: Er solls rauskehren vom Ofen.

Mutter: Jch sag's ihm schon.

Vater: Jch kanns ja auch.

Mutter: Dann sagst du's ihr, wenn du so g'scheit bist.

Vater: Ach bitt schön, möchtens nicht mit der Leiter bei uns den Ofen auskehren?

Mutter: Schmarrn, sie weiß doch schon alles, was sagst's denn?

Vater: Sie sagt, er kommt vielleicht ganz bestimmt *(legt Hörrohr in den Hafen hinein.)*

Mutter: Schneid doch amal das Brett ab! *(kniet noch immer beim Ofen am Boden)*

Vater: *(nimmt die Säge, setzt sich auf die Mutter)*

Mutter: Was machst denn, siegst nimmer, blinder Hess?

Vater: Wie groß soll denn das Brettl eigentlich sein.

Mutter: Hast denn noch nie a Christbaumbrettl g'seh'n?

Vater: Schon oft, aber das hab ich nimmer so im Gedächtnis.

Mutter: Dann nimm halt das vorjährige Brettl als Muster.

Vater: *(sägt das Brett ab, Mutter hilft ihm dabei)*

Mutter: Gib Obacht, dass du dich nicht schneidst!

Vater: *(redet immer)* Die Kinder werden a Freud haben. Jetzt kommt ein Ast. –

Mutter: *(geht ab und holt das Kaffeeservice)*

Vater: Bring mir eine Schweinsschwarte zum Schmieren.

Mutter: *(geht an den Tisch)*

Vater: *(drückt mit der Säge das Brett in die Höhe und stößt der Mutter das Geschirr aus der Hand)* Jch hab doch gesagt, du sollst 's Brett halten.

Mutter: Wo hast du denn das Brettl, das du runter g'schnitten hast?

Vater: Da ist's. *(Er hält das lange Brett immer noch in der Hand)*

Mutter: *(steigt am anderen Ende drauf)*

(Das Brett haut den Vater auf die Füße)

Vater: Au, au, jetzt ist's am Fuß naufgefallen.

Mutter: Auf was für'n Fuß?

Vater: Auf unsern Fuß. *(Er hebt das Brett auf, fahrt der Mutter unterm Rock damit herauf)*

Mutter: Was machst denn? Heute am heiligen Abend macht er so saudumme Sachen.

Vater: Jst doch erst der heilige Nachmittag.

Mutter: Jetzt hat er so a kleins Brettl runtergschnitten, das können wir doch nicht brauchen. Da nehmen wir halt das alte her, aber du musst noch ein Loch hineinbohren.

Vater: Dann hol ich den Bohrer. *(holt Bohrer, bohrt ins Brettl ein Loch hinein, das dreht sich immer)*

Mutter: Komm lass dir helfen. Das Brett legt man daher am Tisch und ich halt dir und du bohrst.

Vater: *(bohrt und spricht immer dabei)*

Mutter: So red doch nicht immer, pass doch auf's Loch auf!

Vater: Ja ich kann doch unterm Bohren reden.

Mutter: Das brauchst gar nicht.

Vater: So! *(hat durch das Brett und durch den Tisch gebohrt, dass der Bohrer unten rausssteht).*

Mutter: Das sieht dir wieder gleich! Bohrt er in den schönen Tisch a Loch hinein, da brauchst dir noch was einbilden drauf, das schönste Stück in unserer Wohnung is jetzt auch kaputt.

Vater: Das war vorauszusehen.

Mutter: Das Loch ist überhaupt zu groß, da passt der Christbaum gar nicht hinein.

Vater: Das Brettl brauchen wir ja jetzt nicht. Jetzt können wir den Christbaum glei in den Tisch neistecken.

Mutter: Das hättest glei tun können, da hätten wir überhaupt kein Brettl braucht.

Vater: Das sag ich ja immer, drum hab ich ja an Christbaum ohne Brettl kauft.

Mutter: Jetzt schmück amal den Baum, häng a paar Kugeln hin, die Kinder freun sich ja schon drauf.

Kinder: *(hinter der Scene)* Mama, dürfen wir schon rein?

Beide: Nein, noch lange nicht.

Mutter: Schick dich doch, die Kinder möchten schon herein.

Vater: *(hängt ein paar Kugeln hin, wirft Tisch und Baum um)*

Mutter: Jessas, jessas was machst denn wieder?

Kinder: *(schreien wieder)*

Mutter: Gleich Kinder, schreit doch nicht so! *(zum Vater)* schick dich doch, mach die Kerzen hinauf.

Kinder: *(schreien wieder)*

Mutter: Seids doch still – ihr Hundspankerten, ihr miserablen!

Vater: Hundspankerten brauchst net sag'n zu dene Saukrüppeln!

Kinder: *(schreien wieder)*

Mutter: Seids doch ruhig, der Teufel soll euch holen.

Vater: Vergiss dich doch nicht, der Teufel solls holen; wenns der Teufel holt, braucht ma uns doch die ganze Arbeit nicht machen.

Mutter: Das geht dich gar nichts an, schick dich doch!

Vater: O tuh, tuh! *(heult furchtbar)*

Mutter: Seid's still Kinder, der Vater is narrisch word'n. *(Zu Vater)* Was machst denn jetzt?

Vater: *(hat sich einen Kerzenhalter an den Finger gezwickt)*

Mutter: Um Gotteswillen, das Unglück auch noch!

Kinder: *(schreien wieder)*

Mutter: Gleich kommt's Christkindl – *(zu Vater)*: So du zündest jetzt amal den Baum an und ich bring derweil die Kinder.

Vater: Die hast schon einmal gebracht.

Mutter: Jch mein, ich bring's herein. *(geht ab)*

Vater: *(nimmt Zündholz und zündet den Baum unten an)*

Mutter: *(kommt herein und schreit):* Was macht denn da, du zündest ja den Baum an!

Vater: Du hast doch gesagt ich soll den Baum anzünden!

Mutter: Jch hab doch g'meint die Kerzen.

Vater: An Baum hast g'sagt.

Mutter: No ja, wie man halt so sagt. *(geht ab)*

Vater: *(zündet die Kerzen an, läutet mit der Handglocke und lässt das Grammophon spielen)*

(Mutter und Kinder kommen herein)

Mutter: So Kinder jetzt is 's Christkindl kommen.

Alle: *(stellen sich um den Baum)*

Kinder: Ah, ah, der ist schön!

Vater: No, gar so schön ist er nicht.

Alle: *(singen)* Ein Prosit, ein Prosit der Ge= müt=lich=keit! 1 – 2 – 3 – Gsuffa!

Vater: No, no, no, jetzt bist in an Frühschoppen hineingekommen.

Mutter: *(zum Kind):* Jetzt sagst du dein Gedicht. Kannst es noch? Jetzt sags schön, dass der Vater a Freud hat.

Kind: *(spricht ein Gedicht, siehe Extrabeilage)*

Vater und Mutter: *(weinen währenddem)*

Vater: Schön hat sie's g'sagt, sehr schön!

Kind: So, gute Mutter und das gehört dir! *(schenkt der Mutter eine Haube)*

Mutter: *(freut sich)* Ach du gutes Kind, ich danke dir! Da schau her Vater, so was Schönes!

Vater: Ah, Ölsardinen!

Mutter: Geh, mach doch deine Batzlaugen auf.

A Haube hat sie mir geschenkt, die is schön, die kann ich notwendig brauchen. Ja hast du die Haube selbst gestrickt?

Kind: Nein Mutter, die hab ich nicht selbst gestrickt, die hab ich gestohlen.

Vater: Ja was is dös?

Mutter: Ja wo hast denn die Haube gestohlen?

Kind: Beim Oberpollinger.

Vater: Dös is recht!

Mutter: So beim Oberpollinger? Ja hab'ns denn da so schöne Hauben? Das gute Kind jetzt is alles so teuer, man kann so nichts mehr kaufen.

Vater: Natürlich, man ist ja direkt verpflichtet dazu.

Mutter: Hoffentlich hat dich kein Mensch gesehen! –

Kind: Nein Mutter, da hat mich niemand gesehen.

Mutter: Dann gehst nächste Woch nochmal hinein und holst mir eine.

Vater: Und wennst amal beim Reissbart vorbeikommst, dann nimmst mir an „Mercedes" mit.

Mutter: Du bist ein gutes Kind, du bist jetzt schon reif für's Zuchthaus. – Mach nur so fort. Da schau her was dir 's Christkindl bringt, eine Zugharmonika.

Kind: Ah, danke Mutter!

Mutter (*zum 2. Kind*): Und du kriegst einen Springstrick.

2. Kind: Ah, danke Mutter!

Kaminkehrer: *(kommt im selben Moment mit Leiter und Besen)* Grüß Gott bei einander!

Kinder: *(schreien und fürchten sich vor ihm)*

Mutter: Seid ruhig Kinder, der tut euch nichts *(zum Kaminkehrer)*; Um Gotteswillen, Herr Kaminkehrer, Sie können wir jetzt nicht brauchen wir haben doch jetzt gerade Bescherung.

Vater: Ausgerechnet jetzt kommt er. Jch hab doch eigens telefoniert, sie sollen morgen am Feiertag kommen! Speziell als Kaminkehrer sollen's so viel Anstand haben, dass 's jetzt nicht am Ofen umanander kratz'n.

Kaminkehrer: Das werden wir gleich haben. Jch bin gleich fertig. *(fängt am Ofen sehr laut zu klopfen und zu kratzen an)*

Mutter: Geh, wartens doch einen Moment, sie sehn doch dass wir gerade

Vater: Bescherung haben, man versteht sein eigenes Wort nicht mehr, vor lauter Lärm.

Kinder: *(machen auch Lärm)*

Mutter: So hört doch auf, ihr Fratzen!

Vater: Wartens an Moment, Herr Kaminkehrer. *(zur Mutter)* Da schau her, du bekommst deine Fotografie, die hab ich vergrößern lassen. *(überreicht ihr einen Papierdrachen)*

Mutter: Was, an Drachen? Jch glaub du willst mich derblecken. Was meinst denn da damit? Da schau her Vater, du kriegst von mir auf Weihnachten ein Cockerell-Motorrad – aber heuer musst noch selber treten; 's nächste Jahr kriegst dann an Hilfsmotor dazu. *(gibt ihm ein Kinderdreirad, das zugedeckt auf der Bühne steht)* Herr Kaminkehrer, nehmens an Moment Platz.

Kaminkehrer: Bin so frei! *(setzt sich von rückwärts auf einen Stuhl auf dem ein Schaumkuchen liegt, setzt sich mitten hinein).*

Kinder: *(schreien)*: Mutter, der Kaminkehrer hat sich in den Schaumkuchen gesetzt!

Kaminkehrer: Jessas Maria! *(dreht sich um und wischt mit der Hand den Schaum von seiner Hose).*

Vater: *(hat sich während der Zeit auf das Rad gesetzt und fährt damit über die Bühne – alles fällt um – Lampe fällt herunter).*

Mutter und Kinder: *(schreien)*

Vater: *(stürzt mit dem Rad zusammen).*

Vorhang fällt!

Helmut Qualtinger

Travniceks Weihnachtseinkäufe

Freund: Was, Travnicek, denken Sie, wenn Sie Weihnachtseinkäufe machen?

Travnicek: Ich denk, was das kostet. Wann i die Sachen im Frühjahrsverkauf besorgt hätt, wär's dasselbe g'wesen, aber um die Hälfte billiger.

Freund: Aber Travnicek, im Frühjahr können S' doch nicht wissen, was Ihre Leut sich zu Weihnachten wünschen.

Travnicek: Des weiß i jetzt a net.

Freund: Na, für wen haben S' denn alles eingekauft?

Travnicek: Was is das für a Frage? I geh in a Geschäft eini, schnapp, was i kriegen kann, und schau, dass i mit mein' Wagen weiterkomm, bevor sie mich aufschreiben.

Freund: Na und?

Travnicek: Zu Haus pack i's aus, denk nach, wem i's anhängen kann.

Freund: Was, Travnicek, grübeln Sie?

Travnicek: Ich denk nach, ob ich mehr Pakete oder mehr Verwandte hab.

Freund: Sie sind prosaisch, Travnicek. Man schenkt doch, um den Leuten eine Freude zu machen. Macht es Ihnen keine Freude, wenn Sie was geschenkt kriegen?

Travnicek: Schaun Se, schaun Se, voriges Jahr zu Weihnachten schenk i mein' Onkel a Krawatten, die mir gefallt. Er schenkt mir a Krawatten, die ihm gefallt. Also, was soll i mit der Krawatten? Wenn i a Glück hab, kann i mi dran aufhängen.

Freund: Sie haben, Travnicek, keine Poesie. Denken Sie doch an Ihre Kindheit. Was pflegten Sie zu Weihnachten zu kriegen?

Travnicek: Watschen.

Freund: Wie das, Travnicek?

Travnicek: Ich pflegte den Baum anzuzünden.

Freund: Absichtlich?

Travnicek: Nein, es hat sich so ergeben.

Freund: Na, glücklicherweise gibt es aber noch Leut, die sich ihr kindliches Gemüt bewahrt haben, die was noch ans Christkindl glauben.

Travnicek: Ja, die Geschäftsleut.

Freund: Nicht nur die. Schaun S' mi an. I zum Beispiel. I zieh mir zu Weihnachten immer einen Pelz und einen Bart an.

Travnicek: Da wer'n S' gut ausschaun.

Freund: Und i bring den Kindern Geschenke. Gehen S' auch als Weihnachtsmann, Travnicek?

Travnicek: Ja, zu meiner Schwester.

Freund: Haben Sie auch einen Bart und einen Pelz?

Travnicek: Na.

Freund: Warum nicht?

Travnicek: Wann i kommen bin, da hab'n die Kinder immer gesagt: „Der Onkel Travnicek". Hab i mir denkt, gehst amal in Zivil, ohne Bart.

Freund: Aber das ist doch keine Überraschung.

Travnicek: Wieso, die Kinder waren sehr überrascht, sie haben nicht mehr gesagt, der Onkel Travnicek kommt als Weihnachts- mann, sie haben gesagt, der Weihnachts- mann kommt als Onkel Travnicek.

Freund: Kinder haben eine Fantasie. Des kommt von den vielen Märchen, wo 's lesen. Wissen Sie, Travnicek, ich les auch noch Mär- chen. Haben S' jemals Märchen gelesen?

Travnicek: Natürlich, natürlich, warum denn net, hör'n S'. Da hab i g'lesen: der Raten- schwindler von Hameln, die Prinzessin auf der Erbensuppe und das Schneewittchen und die fünf Zwerge.

Freund: Wieso fünf, es sein doch siebene.

Travnicek: Ja, zwa hab i vergessen.

Freund: Na, und Aschenbrödel?

Travnicek: Lass'n S' mi aus mit der Dienst- botenfrage.

Freund: Dornröschen?

Travnicek: Dornröschen. Hör'n S', mich hat neulich einer aufgeweckt.

Freund: Mit an Kuss?

Travnicek: Na, mit an Moped, was glauben S', was i dem erzählt hab.

Freund: Sie san prosaisch, Travnicek, Hänsel und Gretel?

Travnicek: Das mit dem Lebkuchenhaus ist ganz und gar unpädagogisch. Die Kinder ver- derb'n sich den Magen, kriegen a Gastritis, wer'n bösartig. Nachher schmeißen s' die Alte ins Feuer – Halbstarkenproblem.

Freund: Travnicek, streiten wir nicht! Für mich ist zu Weihnachten die ganze Stadt ein Märchen. Überall auf den Geschäftsstraßen blitzt es und flimmert es. Kranzeln, Girlanden und Sterndeln. Wenn Sie's so funkeln und leuchten sehn, Travnicek, was wünschen Sie sich?

Travnicek: An Kurzschluss.

Freund: Sehn S' und mi freut's, das ist eben der Unterschied zwischen uns beiden. Der schönste Brauch für mich aber, Travnicek, ist eine Spezialität, die was nur Österreich hat.

Travnicek: Was hat nur Österreich?

Freund: Die Stempel.

Travnicek: Was für Stempel?

Freund: Na, die Poststempel auf den Briefen. Ist des net schön? Das ist für mich der sinnigste Brauch in der ganzen Weihnachtszeit.

Travnicek: Des is kein sinniger Brauch, des is a Zufall.

Freund: Was ist a Zufall?

Travnicek: Dass der Ort so heißt, der Ort in Oberösterreich. Wann i Christkindl haßen möcht, könnt i zu Weihnachten auch Briefe abstempeln.

Freund: Sie können auf jeden Fall zu Weihnachten Briefe abstempeln.

Travnicek: Ja, was hab i davon, wann i zu Weihnachten Briefe abstempel, nachher steht Travnicek drauf, glauben S', da kommt jemand in Weihnachtsstimmung?

Georg Kreisler

Der Weihnachtsmann auf der Reeperbahn

Mutter war Dirne, und Vater war Dieb,
und Jim machte Dienst auf einem Kutter,
also wurde ich wie Mutter.
Einmal sprach Jim: „Du, ich hab dich so lieb.
Versteck mich, ich hab etwas verbrochen."
Damals kriegte ich vier Wochen.
Und im Gefängnis war es noch schlimmer als zu
    Haus.
Wir kriegten Labskaus jeden Tag. Wer hält denn
    sowas aus!
Doch ich ertrug mein Schicksal mit fröhlichem
    Gemüt,
denn ich fand Trost in diesem kleinen Lied:

Auch auf der Reeperbahn steht dann und wann
    ein Weihnachtsmann,
der blickt dich lächelnd an und hilft dir weiter.
Und wenn man momentan im Leben nicht
    mehr weiter kann,
dann ist der Weihnachtsmann ein treu Begleiter.
Er steht ganz still im Gewimmel
und bimmelt die Reeperbahn hinauf.
Der dicke Schnee fällt vom Himmel,
doch nie geben Weihnachtsmänner auf.
Drum gibt's nur einen Mann, der dir fast immer
    helfen kann,
das ist der Weihnachtsmann auf der Reeperbahn.

Jim fand einmal meine Telefonkartei
und haute mir eine in die Fresse,
damit ich ihn nicht vergesse.
Dann brach er mir noch das Schlüsselbein
    entzwei
und schaffte mich rasch in eine Klinik,
denn er liebt mich treu und innig.
Dort war ein junger Doktor, der sich an mir
    vergriff.
Da schoss ihm Jim ein Loch in'n Kopf und
    rannte auf sein Schiff.
Die Polizei verdrosch mich, denn Jim war schon
    zu weit.
Und trotzdem tat er mir am meisten leid.

Denn auf der Reeperbahn steht dann und wann
    ein Weihnachtsmann,
der blickt dich lächelnd an in alter Frische.
Doch Jim am Ozean sieht niemals einen
    Weihnachtsmann,
nur Sturm und Steuermann und fade Fische.
Ja, ja, die Weihnacht an Bord
ist doch nie wie das Weihnachtsfest zu Haus.
Man blickt nach Süd und nach Nord
und nach Ost und nach West – und damit
    aus.
Dann wischt sich jeder Mann die Tränen fort, so
    gut er kann.
Ihm fehlt der Weihnachtsmann auf der Reeper-
    bahn.

Bin ich mal alt und das silberweiße Haar
fließt mir über die Stirne herunter,
komm ich sicher nirgends unter.
Kein Mensch will wissen, wie schön ich einmal
	war.
Ich hab sogar am Bauch 'ne Tätowierung:
Eine Palme mit Verzierung.
Dann kriech ich halb verhungert entlang der
	Reeperbahn,
und alle Männer drehen sich weg, als hätt ich
	was getan.
Jedoch an einer Ecke, da bleib ich plötzlich stehen
und kann das Wunder, das ich seh, kaum sehen.

Denn auf der Reeperbahn steht sicher dann der
	Weihnachtsmann
und sagt mir ganz spontan, dass wir uns kennen.
Dann fängt er leise mit den Glöckelein zu
	bimmeln an,
dass ich nicht halten kann, und ich muss
	flennen.
Er lächelt breiter denn je,
und er führt mich die Reeperbahn hinauf,
und ringsumher fällt der Schnee,
und die Straße hört überhaupt nicht auf.
Ich glaub an Liebe nicht, an Treue nicht, doch
	glaub ich an
den guten Weihnachtsmann auf der Reeper-
	bahn.

Arkadij Awertschenko

Eine Pute mit Maronen

Die Frau machte die Tür zum Arbeitszimmer ihres Mannes ein wenig auf und sagte: „Wassilij Nikolajewitsch, dein Neffe Stjopa ist gekommen."

„Soll ihn der Teufel holen!"

„Das geht doch nicht, er ist immerhin ein Verwandter von dir. Gib ihm drei Rubel, als Geschenk sozusagen."

„Und kannst du das nicht erledigen?"

„Guten Tag!" Ins Arbeitszimmer trat der Neffe …

Stjopa war groß, hager, mit eingefallener Brust, hervorstehenden Backenknochen und großen Zähnen im breiten Mund. Seine Augen waren untertänig schmeichlerisch und zugleich angstvoll. Die Ärmel seines Jacketts und seiner Hose waren um mehrere Zoll zu kurz. So sah der arme Verwandte Stjopa aus.

„N' guten Tag, Stjopa", begrüßte ihn der Onkel. „Wie geht es dir?"

„Danke, gut. Ich wünsche Ihnen frohe Festtage und alles, alles Gute …"

„Aha, schon gut. Sag mal, Stjopa, könntest du mir vielleicht irgendwo eine Pute besorgen?"

„Heute? Am ersten Weihnachtstag! Wo sollte man da eine Pute auftreiben. Es ist doch alles geschlossen!"

„Aha … geschlossen … Schau mal, Neffe Stjopa, bei uns sieht es nämlich so aus. Wir haben nur eine Pute und erwarten Gäste, die ich zum Putenessen eingeladen habe."

„Ja, eine unangenehme Situation", stimmte Stjopa zu. „Sagen Sie doch den Gästen ab, sagen Sie, Sie wären krank …"

„Wer wird das glauben, wo ich doch heute zur Messe war?"

„Dann soll doch jemand von den Gästen sagen, dass er satt sei und man die Pute erst gar nicht anschneiden solle …"

Der Onkel biss sich auf die Oberlippe und schaute nachdenklich auf seinen Neffen. Plötzlich strahlte er voller Freude.

„Stjopa, mein Täubchen! Bleibe zu Mittag bei uns. Du bist doch ein Verwandter, gehörst zur Familie, vor dir muss man sich ja nicht genieren. Hilf mir doch dabei, Stjopa! Sei du gegen die Pute."

„Aber Onkelchen, eigne ich mich denn dafür? … Wie sehe ich denn aus in diesem Aufzug?"

„Macht nichts! Ich werde dich als unseren Ehrengast vorstellen. Wenn nach den Vorspeisen die Pute serviert wird – dann rufe in möglichst solidem Ton: ‚Na, wozu jetzt noch die Pute anschneiden, wo wir doch schon alle satt sind?'"

„Aber Onkelchen, was werden die Leute von mir denken?"

„Na, ist das etwa von großer Bedeutung, wofür sie dich halten? Es ist sogar möglich, dass jemand sagt: ‚Welch ein Original von einem Menschen, dieser Stepan Fjodorowitsch!' Ich werde dich natürlich auch danach noch sehr bitten, die Pute doch zu essen. Aber bestehe darauf, dass man die Pute schnell wieder hinausbringt. Das ist wirklich eine Sache! Du sieht also, Stjopa, wie wertvoll du für mich bist. Was stehst du da, setze dich doch, Stjopenka!"

Als die Gäste zu Tisch gebeten wurden, stellte Wassilij Nikolajewitsch ihnen Stjopa vor.

„Hier, meine Herrschaften, ist mein Verwandter und Freund Stepan Fjodorowitsch! Ein Original von einem Menschen, aber ein Mensch mit Welt- und Lebenserfahrungen. Nehmen Sie Platz, Stepan Fjodorowitsch, da ist der Wodka, oder bevorzugen Sie einen Fruchtlikör?"

Stjopa lächelte vergnügt, rieb die großen knöcherigen Hände und goss ein großes Glas Wodka hinunter.

„Ich bin mit einem General bekannt", verkündete darauf Stjopa ziemlich laut, „der als Imbiss zum Wodka nur einen Apfel isst. Sonst nichts weiter."

„Welcher General ist es?", fragte der Onkel. „Ist es der, dessen Kindes Taufpate Sie sind?"

„Nein, der ist eine Null, nur Generalmajor. Nein, ein anderer."

Zwei Gläser Wodka und das Bewusstsein, dass der Onkel ihn nicht unterbrechen würde, hatten Stjopa angenehm angeregt.

„Stepan Fjodorowitsch", sagte der Onkel mit besonders zarter Stimme, „nehmen Sie doch noch eine Fleischpastete zur Suppe."

„Vielen Dank! Die Engländer zum Beispiel essen überhaupt keine Suppen." Bald erzählte Stjopa, wie auf der Straße, in der er wohnte, ein Dieb gefasst wurde, wie sich in ihn, Stjopa, ein Fräulein verliebt hatte. Er schloss seine Erzählung überzeugend, indem er sagte: „Nein, was ist da noch zu sagen! Man kennt eben den Mitjukow noch nicht! Aber Mitjukow wird sich noch zeigen! Über Mitjukow wird man noch sprechen! Was gibt's da noch zu sagen – natürlich sind viele auf ihn neidisch ... Mitjukow ist geistig allen überlegen!"

„Erlauben Sie ...", versuchte eine Dame ihn zu unterbrechen.

„Sie wollen wissen, wer es ist?"

„Ja, wer ist dieser hervorragende Mitjukow?"

„Mitjukow? Das bin ich!"

Zu dieser Zeit brachte man gerade die Pute herein. Gierig sogen alle den appetitanregenden Duft ein. Aber Stjopa erhob sich, schlug die Hände zusammen und sagte ganz auf aristokratische Art: „Was, eine Pute noch? Nein, das ist zum Verrücktwerden! Sie haben uns ja so schon zu Tode gefüttert. Es lohnt nicht mehr, nicht wahr, meine Herrschaften?" Alle brummten irgendetwas Unverständliches.

„Na ja", rief Stjopa, „bringen Sie sie schnell hinaus."

„Vielleicht will sich doch jemand ein Stückchen nehmen?", sagte der Hausherr. „Das Putchen soll sehr gut sein, es ist mit Maronen gefüllt."

Stjopa neigte sich hinüber und kam mit dem Gesicht an die Pute. „Mit Maronen? Sagen Sie?", kam es aus ihm seltsam röchelnd. Seine Lippen wurden plötzlich vom Speichel feucht, und die Augen funkelten mit solch hungriger, hysterischer Gier, dass der Hausherr die Platte mit der Pute sofort hochhob und ein falsches Lächeln zeigend sagte: „Na, wenn es alle ablehnen, muss man die Pute eben hinausbringen."

„Mit Maronen?", stöhnte Stjopa. „Na, wenn das mit Maronen ist, dann werde ich mich nicht entsagen, ein Stückchen zu probieren."

Das Messer in der Hand des Hausherrn zitterte … Er zögerte noch ein wenig. Aber Stjopa war nicht solch ein Mensch, um in diesem Fall zu spaßen. Bemüht, des Onkels Blicken nur nicht zu begegnen, sagte er: „Schneiden Sie für mich bitte ein Stückchen von der Brust ab, auch dieses Flügelchen."

„Bitte, mit Vergnügen", sagte mit zitternder Stimme der Onkel …

„Na, falls Sie schon angefangen haben, dann auch mir ein Stückchen", sagte Stjopas Nachbarin, die nicht gewusst hatte, wer Mitjukow war. „Auch mir! Auch mir!"

Und nach Minuten war auf der Platte nur noch das trostlose Gerippe der Pute übrig geblieben. Der Hausherr wandte sich entschieden an Stjopa. „Ach ja, ich habe vergessen: Der General hat angerufen. Kommen Sie, ich werde Ihnen zeigen, wo das Telefon steht …"

Stjopa erhob sich ergeben, und wie ein zum Tode Verurteilter folgte er seinem Onkel, das Flügelchen der Pute zu Ende kauend. Sobald sie die Tür hinter sich geschlossen hatten, änderte sich sein Ton.

„Ein Schurke bist du. Was hattest du mir versprochen? Hast gesagt, du wolltest von der Pute nichts essen und hast dich als Erster darauf gestürzt. Was soll denn das? Hast du etwa nicht genug gegessen? Ich habe dich wie den bedeutendsten Gast bewirtet. Aber du hast dich wie ein Schwein benommen. Alle hatten sich schon von der Pute losgesagt, aber du, Kanaille, du hast dich wie ein Schakal auf sie gestürzt."

„Aber Onkelchen", rief Stepan weinend, „Sie haben mich doch nicht darauf aufmerksam gemacht, dass die Pute gefüllt wäre. Weshalb haben Sie mir das verschwiegen? Ich habe ja niemals in meinem Leben eine Pute mit Maronen gegessen … Verstehen Sie, Onkelchen, dass die Schuld nicht bei mir, sondern bei den Maronen lag! Ich wollte doch gar nichts mehr, aber dann hörte ich plötzlich: Maronen! Maronen!"

„Hinaus mit dir, du Lump! Dass du dich hier nicht mehr sehen lässt."

„Onkel, Sie wollten mir doch etwas geben …"

„Waaas? Marina, begleite den Herrn hinaus! Bring ihm den Mantel!"

Den Hals in die Schultern gezogen, das kurze Krägelchen seines leichten und alten Mantels hochgestellt, versuchte er, seine abstehenden Ohren vor der beißenden Kälte zu schützen. Sie drang zu ihm auch durch die viel zu kurzen Ärmel und durch die kurze Hose. Mit auf der Brust hängender Nase, wie ein Kranich, ging er schweigsam und nachdenklich durch die verschneiten, menschenleeren Straßen.

Robert Gernhardt

Die Falle
Eine Weihnachtsgeschichte

Da Herr Lemm, der ein reicher Mann war, seinen beiden Kindern zum Christfest eine besondere Freude machen wollte, rief er Anfang Dezember beim Studentenwerk an und erkundigte sich, ob es stimme, dass die Organisation zum Weihnachtsfest Weihnachtsmänner vermittle. Ja, das habe seine Richtigkeit. Studenten stünden dafür bereit, 25 DM koste eine Bescherung, die Kostüme brächten die Studenten mit, die Geschenke müsste der Hausherr natürlich selbst stellen. „Versteht sich, versteht sich", sagte Herr Lemm, gab die Adresse seiner Villa in Berlin-Dahlem an und bestellte einen Weihnachtsmann für den 24. Dezember um 18 Uhr. Seine Kinder seien noch klein, und da sei es nicht gut, sie allzu lange auf die Bescherung warten zu lassen. Der bestellte Weihnachtsmann kam pünktlich. Er war ein Student mit schwarzem Vollbart, unter dem Arm trug er ein Paket.

„Wollen Sie so auftreten?", fragte Herr Lemm.

„Nein", antwortete der Student, „da kommt natürlich noch ein weißer Bart darüber. Kann ich mich hier irgendwo umziehen?"

Er wurde in die Küche geschickt. „Da stehen aber leckere Sachen", sagte er und deutete auf die kalten Platten, die auf dem Küchentisch standen. „Nach der Bescherung, wenn die Kinder im Bett sind, wollen noch Geschäftsfreunde meines Mannes vorbeischauen", erwiderte die Hausfrau. „Daher eilt es etwas. Könnten Sie bald anfangen?"

Der Student war schnell umgezogen. Er hatte jetzt einen roten Mantel mit roter Kapuze an und band sich einen weißen Bart um.

„Und nun zu den Geschenken", sagte Herr Lemm. „Diese Sachen sind für den Jungen, Thomas", er zeigte auf ein kleines Fahrrad und andere Spielsachen –, „und das bekommt Petra, das Mädchen, ich meine die Puppe und die Sachen da drüben. Die Namen stehen jeweils drauf, da wird wohl nichts schiefgehen. Und hier ist noch ein Zettel, auf dem ein paar Unarten der Kinder notiert sind, reden Sie ihnen mal ins Gewissen, aber verängstigen Sie sie nicht, vielleicht genügt es, etwas mit der Rute zu drohen. Und versuchen Sie, die Sache möglichst rasch zu machen, weil wir noch Besuch erwarten."

Der Weihnachtsmann nickte und packte die Geschenke in den Sack. „Rufen Sie die Kinder schon ins Weihnachtszimmer, ich komme gleich nach. Und noch eine Frage. Gibt es hier ein Telefon? Ich muss jemanden anrufen."

„Auf der Diele rechts."

„Danke."

Nach einigen Minuten war dann alles soweit. Mit dem Sack über dem Rücken ging der Student auf die angelehnte Tür des Weihnachtszimmers zu. Einen Moment blieb er stehen. Er hörte die Stimme von Herrn Lemm, der gerade sagte: „Wisst ihr, wer jetzt gleich kommen wird? Ja, Petra, der Weihnachtsmann, von dem wir euch schon so viel erzählt haben. Benehmt euch schön brav ..."

Fröhlich öffnete er die Tür. Blinzelnd blieb er stehen. Er sah den brennenden Baum, die erwartungsvollen Kinder, die feierlichen Eltern. Es hatte geklappt, jetzt fiel die Falle zu. „Guten Tag, liebe Kinder", sagte er mit tiefer Stimme. „Ihr seid also Thomas und Petra. Und ihr wisst sicher, wer ich bin, oder?"

„Der Weihnachtsmann", sagte Thomas etwas ängstlich.

„Richtig. Und ich komme zu euch, weil heute Weihnachten ist. Doch bevor ich nachschaue, was ich alles in meinem Sack habe, wollen wir erst einmal ein Lied singen. Kennt ihr ‚Stille Nacht, heilige Nacht'? Ja? Also!"

Er begann mit lauter Stimme zu singen, doch mitten im Lied brach er ab. „Aber, aber, die Eltern singen ja nicht mit! Jetzt fangen wir alle noch mal von vorne an. Oder haben wir den Text etwa nicht gelernt? Wie geht denn das Lied, Herr Lemm?"

Herr Lemm blickte den Weihnachtsmann befremdet an. „Stille Nacht, heilige Nacht, alles schläft, einer wacht ..."

Der Weihnachtsmann klopfte mit der Rute

auf den Tisch: „Einsam wacht! Weiter! Nur das traute ...“

„Nur das traute, hochheilige Paar“, sagte Frau Lemm betreten, und leise fügte sie hinzu: „Holder Knabe im lockigen Haar.“

„Vorsagen gilt nicht“, sagte der Weihnachtsmann barsch und hob die Rute. „Wie geht es weiter?“

„Holder Knabe im lockigen ...“

„Im lockigen Was?“

„Ich weiß es nicht“, sagte Herr Lemm. „Aber was soll denn diese Fragerei? Sie sind hier um ...“

Seine Frau stieß ihn in die Seite, und als er die erstaunten Blicke seiner Kinder sah, verstummte Herr Lemm.

„Holder Knabe im lockigen Haar“, sagte der Weihnachtsmann, „Schlaf in himmlischer Ruh, schlaf in himmlischer Ruh. Das nächste Mal lernen wir das besser. Und jetzt singen wir noch einmal miteinander: ‚Stille Nacht, heilige Nacht‘.“

„Gut, Kinder“, sagte er dann. „Eure Eltern können sich ein Beispiel an euch nehmen. So, jetzt geht es an die Bescherung. Wir wollen doch mal sehen, was wir hier im Sack haben. Aber Moment, hier liegt ja noch ein Zettel!“ Er griff nach dem Zettel und las ihn durch.

„Stimmt das, Thomas, dass du in der Schule oft ungehorsam bist und den Lehrern widersprichst?“

„Ja“, sagte Thomas kleinlaut.

„So ist es richtig“, sagte der Weihnachtsmann. „Nur dumme Kinder glauben alles, was ihnen die Lehrer erzählen. Brav, Thomas."

Herr Lemm sah den Studenten beunruhigt an.

„Aber ...", begann er. „Sei doch still", sagte seine Frau.

„Wollten Sie etwas sagen?", fragte der Weihnachtsmann Herrn Lemm mit tiefer Stimme und strich sich über den Bart.

„Nein."

„Nein, lieber Weihnachtsmann, heißt das immer noch. Aber jetzt kommen wir zu dir, Petra. Du sollst manchmal bei Tisch reden, wenn du nicht gefragt wirst, ist das wahr?" Petra nickte. „Gut so", sagte der Weihnachtsmann. „Wer immer nur redet, wenn er gefragt wird, bringt es in diesem Leben zu nichts. Und da ihr so brave Kinder seid, sollt ihr nun auch belohnt werden. Aber bevor ich in den Sack greife, hätte ich gerne etwas zu trinken." Er blickte die Eltern an.

„Wasser?", fragte Frau Lemm.

„Nein, Whisky. Ich habe in der Küche eine Flasche ‚Chivas Regal‘ gesehen. Wenn Sie mir davon etwas einschenken würden? Ohne Wasser, bitte, aber mit etwas Eis."

„Mein Herr!", sagte Herr Lemm, aber seine Frau war schon aus dem Zimmer. Sie kam mit einem Glas zurück, das sie dem Weihnachtsmann anbot. Er leerte es und schwieg.

„Merkt euch eins, Kinder", sagte er dann. „Nicht alles, was teuer ist, ist auch gut. Dieser

Whisky kostet etwa 50 DM pro Flasche. Davon müssen manche Leute einige Tage leben, und eure Eltern trinken das einfach 'runter. Ein Trost bleibt: Der Whisky schmeckt nicht besonders."

Herr Lemm wollte etwas sagen, doch als der Weihnachtsmann die Rute hob, ließ er es.

„So, jetzt geht es an die Bescherung."

Der Weihnachtsmann packte die Sachen aus und überreichte sie den Kindern. Er machte dabei kleine Scherze, doch es gab keine Zwischenfälle, Herr Lemm atmete leichter, die Kinder schauten respektvoll zum Weihnachtsmann auf, bedankten sich für jedes Geschenk und lachten, wenn er einen Scherz machte. Sie mochten ihn offensichtlich.

„Und hier habe ich noch etwas Schönes für dich, Thomas", sagte der Weihnachtsmann. „Ein Fahrrad. Steig mal drauf." Thomas strampelte, der Weihnachtsmann hielt ihn fest, gemeinsam drehten sie einige Runden im Zimmer.

„So, jetzt bedankt euch mal beim Weihnachtsmann!", rief Herr Lemm den Kindern zu. „Er muss nämlich noch viele, viele Kinder besuchen, deswegen will er jetzt leider gehen." Thomas schaute den Weihnachtsmann enttäuscht an, da klingelte es. „Sind das schon die Gäste?", fragte die Hausfrau. „Wahrscheinlich", sagte Herr Lemm und sah den Weihnachtsmann eindringlich an. „Öffne doch."

Die Frau tat das, und ein Mann mit roter Kapuze und rotem Mantel, über den ein langer weißer Bart wallte, trat ein. „Ich bin Knecht Ruprecht", sagte er mit tiefer Stimme.

Währenddessen hatte Herr Lemm im Weihnachtszimmer noch einmal behauptet, dass der Weihnachtsmann jetzt leider gehen müsse. „Nun bedankt euch mal schön, Kinder", rief er, als Knecht Ruprecht das Zimmer betrat. Hinter ihm kam Frau Lemm und schaute ihren Mann achselzuckend an.

„Da ist ja mein Freund Knecht Ruprecht", sagte der Weihnachtsmann fröhlich.

„So ist es", erwiderte dieser. „Da drauß' vom Walde komm ich her, ich muss euch sagen, es weihnachtet sehr. Und jetzt hätte ich gerne etwas zu essen."

„Wundert euch nicht", sagte der Weihnachtsmann zu den Kindern gewandt. „Ein Weihnachtsmann allein könnte nie all die Kinder bescheren, die es auf der Welt gibt. Deswegen habe ich Freunde, die mir dabei helfen: Knecht Ruprecht, den heiligen Nikolaus und noch viele andere ..."

Es klingelte wieder. Die Hausfrau blickte Herrn Lemm an, der so verwirrt war, dass er mit dem Kopf nickte; sie ging zur Tür und öffnete. Vor der Tür stand ein dritter Weihnachtsmann, der ohne Zögern eintrat. „Puh", sagte er. „Diese Kälte! Hier ist es beinahe so kalt wie am Nordpol, wo ich zu Hause bin!"

Mit diesen Worten betrat er das Weihnachts-zimmer. „Ich bin Sankt Nikolaus", fügte er hin-zu, „und ich freue mich immer, wenn ich brave Kinder sehe. Das sind sie doch – oder?"

„Sie sind sehr brav", sagte der Weihnachts-mann. „Nur die Eltern gehorchen nicht immer, denn sonst hätten sie schon längst eine von den kalten Platten und etwas zu trinken gebracht."

„Verschwinden Sie!", flüsterte Herr Lemm in das Ohr des Studenten.

„Sagen Sie das doch so laut, dass Ihre Kinder es auch hören können", antwortete der Weih-nachtsmann.

„Ihr gehört jetzt ins Bett", sagte Herr Lemm.

„Nein", brüllten die Kinder und klammerten sich an den Mantel des Weihnachtsmannes.

„Hunger", sagte Sankt Nikolaus.

Die Frau holte ein Tablett. Die Weihnachts-männer begannen zu essen. „In der Küche steht Whisky", sagte der erste, und als Frau Lemm sich nicht rührte, machte sich Knecht Ruprecht auf den Weg. Herr Lemm lief hinter ihm her. In der Diele stellte er den Knecht Ruprecht, der mit einer Flasche und einigen Gläsern das Weihnachtszimmer betreten wollte.

„Lassen Sie die Hände vom Whisky!"

„Thomas!", rief Knecht Ruprecht laut, und schon kam der Junge auf seinem Fahrrad ange-strampelt. Erwartungsvoll blickte er Vater und Weihnachtsmann an.

„Mein Gott, mein Gott", sagte Herr Lemm, doch er ließ Knecht Ruprecht vorbei.

„Tu was dagegen", sagte seine Frau. „Das ist ja furchtbar. Tu was!"

„Was soll ich tun?", fragte er, da klingelte es.

„Das werden die Gäste sein!"

„Und wenn sie es nicht sind?"

„Dann hole ich die Polizei!"

Herr Lemm öffnete. Ein junger Mann trat ein. Auch er hatte einen Wattebart im Gesicht, trug jedoch keinen roten Mantel, sondern einen weißen Umhang, an dem er zwei Flügel aus Pappe befestigt hatte.

Der Weihnachtsmann, der auf die Diele getreten war, als er das Klingeln gehört hatte, schwieg wie die anderen. Hinter ihm schauten die Kinder, Knecht Ruprecht und Sankt Nikolaus auf den Gast.

„Grüß Gott, lieber ...", sagte Knecht Ruprecht schließlich.

„Lieber Engel Gabriel", ergänzte der Bärtige verlegen. „Ich komme, um hier nachzuschauen, ob auch alle Kinder artig sind. Ich bin nämlich einer von den Engeln auf dem Felde, die den Hirten damals die Geburt des Jesuskindes angekündigt haben. Ihr kennt doch die Geschichte, oder?"

Die Kinder nickten, und der Engel ging etwas befangen ins Weihnachtszimmer. Zwei Weihnachtsmänner folgten ihm, den dritten, es war jener, der als Erster gekommen war, hielt Herr Lemm fest. „Was soll denn der Unfug?", fragte er mit einer Stimme, die etwas zitterte. Der Weihnachtsmann zuckte mit den Schultern. „Ich begreif auch nicht, warum er so antanzt. Ich habe ihm ausdrücklich gesagt, er solle als Weihnachtsmann kommen, aber wahrscheinlich konnte er keinen roten Mantel auftreiben."

„Sie werden jetzt alle schleunigst hier verschwinden", sagte Herr Lemm.

„Schmeißen Sie uns doch raus", erwiderte der Weihnachtsmann und zeigte ins Weihnachtszimmer. Dort saß der Engel, aß Schnittchen und erzählte Thomas davon, wie es im Himmel aussah. Die Weihnachtsmänner tranken und brachten Petra ein Lied bei, das mit den Worten begann: „Nun danket alle Gott, die Schule ist bankrott."

„Wie viel verlangen Sie?", fragte Herr Lemm.

„Wofür?"

„Für Ihr Verschwinden. Ich erwarte bald Gäste, das wissen Sie doch."

„Ja, das könnte peinlich werden, wenn Ihre Gäste hier hereinplatzen würden. Was ist Ihnen denn die Sache wert?"

„Hundert Mark", sagte der Hausherr. Der Weihnachtsmann lachte und ging ins Zimmer. „Holt mal eure Eltern", sagte er zu Petra und Thomas. „Engel Gabriel will uns noch die Weihnachtsgeschichte erzählen."

Die Kinder liefen auf die Diele. „Kommt",

schrien sie, „Engel Gabriel will uns was erzählen." Herr Lemm sah seine Frau an.

„Halt mir die Kinder etwas vom Leibe", flüsterte er, „ich rufe jetzt die Polizei an!" – „Tu es nicht", bat sie, „denk doch daran, was in den Kindern vorgehen muss, wenn Polizisten ..." – „Das ist mir jetzt völlig egal", unterbrach Herr Lemm. „Ich tu's."

„Kommt doch", riefen die Kinder. Herr Lemm hob den Hörer ab und wählte. Die Kinder kamen neugierig näher. „Hier Lemm", flüsterte er. „Lemm, Berlin-Dahlem. Bitte schicken Sie ein Überfallkommando." – „Sprechen Sie bitte lauter", sagte der Polizeibeamte. „Ich kann nicht lauter sprechen, wegen der Kinder. Hier, bei mir zu Haus, sind drei Weihnachtsmänner und ein Engel und die gehen nicht weg ..."

Frau Lemm hatte versucht, die Kinder wegzuscheuchen, es war ihr nicht gelungen. Petra und Thomas standen neben ihrem Vater und schauten ihn an. Herr Lemm verstummte.

„Was ist mit den Weihnachtsmännern?", fragte der Beamte, doch Herr Lemm schwieg weiter.

„Fröhliche Weihnachten", sagte der Beamte und hängte auf.

Da erst wurde Herrn Lemm klar, wie verzweifelt seine Lage war.

„Komm, Pappi", riefen die Kinder, „Engel Gabriel will anfangen." Sie zogen ihn ins Weihnachtszimmer.

„Zweihundertfünfzig", sagte er leise zum Weihnachtsmann, der auf der Couch saß.

„Pst", antwortete der und zeigte auf den Engel, der „Es begab sich aber zu der Zeit" sagte und langsam fortfuhr. „Dreihundert." Als der Engel begann, den Kindern zu erzählen, was der Satz „Und die war schwanger" bedeute, sagte Herr Lemm „Vierhundert" und der Weihnachtsmann nickte.

„Jetzt müssen wir leider gehen, liebe Kinder", sagte er. „Seid hübsch brav, widersprecht euren Lehrern, wo es geht, haltet die Augen offen und redet, ohne gefragt zu werden. Versprecht ihr mir das?"

Die Kinder versprachen es, und nacheinander verließen der Weihnachtsmann, Knecht Ruprecht, Sankt Nikolaus und der Engel Gabriel das Haus. „Ich fand es nicht richtig, dass du Geld genommen hast", sagte Knecht Ruprecht auf der Straße.

„Das war nicht geplant."

„Leute, die sich Weihnachtsmänner mieten, sollen auch dafür zahlen", meinte Engel Gabriel.

„Aber nicht so viel."

„Wieso nicht? Alles wird heutzutage teurer, auch das Bescheren."

„Expropriation der Expropriateure", sagte der Weihnachtsmann.

„Richtig", sagte Sankt Nikolaus. „Wo steht geschrieben, dass der Weihnachtsmann immer nur etwas bringt? Manchmal holt er auch was."

„In einer Gesellschaft, deren Losung ‚Hastu-wasbistuwas' heißt, kann auch der Weihnachtsmann nicht sauber bleiben", sagte Engel Gabriel. „Es ist kalt", sagte der Weihnachtsmann.

„Vielleicht sollten wir das Geld einem wohltätigen Zweck zur Verfügung stellen", schlug Knecht Ruprecht vor.

„Erst einmal sollten wir eine Kneipe finden, die noch auf hat", sagte der Weihnachtsmann. Sie fanden eine, nahmen ihre Bärte ab, setzten sich und spendierten eine Lokalrunde, bevor sie weiter beratschlagten.

Max von der Grün

Wir sind eine demokratische Familie

Vor drei Jahren beschlossen wir, in unserer Familie Weihnachten abzuschaffen. Drei stimmten dafür: Ich, meine Frau und meine Tochter. Sohn Frank, damals erst drei Jahre alt, enthielt sich der Stimme, er sagte nur, als er gefragt wurde: Ei ei.

Das brachte uns auf einen Kompromiss, denn keinen Baum in der Wohnung zu haben an Weihnachten war uns, trotz wilder Entschlossenheit, mit diesem bürgerlichen Relikt zu brechen, doch nicht geheuer.

Seitdem putzen wir am Heiligen Abend, genau ab 14 Uhr, eine Tanne (aus dem Sauerland) mit gefärbten und ausgeblasenen Eiern. Es ist ein wunderschöner bunter Baum, die Eier werden von uns, immer genau sechzig Stück, Tage vorher in Heimarbeit und mit vergnüglicher Gemeinsamkeit, ausgeblasen und bemalt. In der Küche. Es gibt bis zum Heiligen Abend nur Eierspeisen, denn irgendwo muss das, was sich innerhalb der Schalen befindet, ja bleiben.

Ein aufgeklärter, aber zufällig zu den Feiertagen angewehter Besucher stand staunend vor dem Baum und sagte: Ein Antibaum. Dem Besucher, Jurist aus alter deutscher Pastorenfamilie, war anzusehen, dass es ihm schmeichelte, in so einer fortschrittlichen Familie Gast zu sein, er bestaunte die Eier gehörig, meinte, da sei wohl viel Arbeit dran, er befühlte die Eier und war noch mehr beeindruckt, weil etliche mit Wasserfarbe, etliche mit Öl bepinselt waren, konkrete und abstrakte Musterung.

Damit aber nicht genug. Die 18 Weihnachtsplatten, die meisten davon LPs, wanderten in den Kleiderschrank ganz nach hinten, wo meine seit dreißig Jahren nicht mehr benützte Geige in einem vergammelten Kasten schmort, damit wir nicht der Versuchung erliegen sollten, sie abzuspielen, denn wir hatten uns im Laufe der Zeit eine Menge Frühlingslieder gekauft.

Die spielen wir immer ab zum Heiligen Abend, nämlich: Der Mai ist gekommen, oder: Alle Vöglein sind schon da, oder: Am Brunnen vor dem Tore.

Meine Tochter, sie steht vor dem Abitur, meinte zwar, was wir trieben, sei reaktionär, aber sie konnte es doch nicht lassen, damals nacheinander ihre Freundinnen einzuladen, ihnen den Baum zu zeigen, ihnen die Platten vorzuspielen. Die Freundinnen, die auch Klassenkameradinnen sind, fanden das ungeheuer aufregend und chic, sie liefen nach Hause und erzählten ihren Eltern von unserem Antibaum. Die Eltern meinten zwar, wir wären verrückt, Schriftsteller haben alle einen Dachschaden und die können sich den Dachschaden auch leisten, weil er von der Gesellschaft akzeptiert wird, aber diese Töchter haben doch erreicht, dass ihre Eltern unsicher wurden auf dem Gebiet der Stillen und Heiligen Nacht.

Ein Jahr später konnten einige dieser Töchter in der Schule stolz melden, dass sie nun auch einen Antibaum hätten, und im letzten Jahr gab es in unserer Siedlung keine Wohnung mehr, in der nicht ein mit Eiern behangener Baum stand, zumindest in den Zimmern der Familien, die sich Intellektuelle, Bürger und Handelstreibende nennen. Nur im grauen Viertel unserer Siedlung, wo diese exotischen Gewächse wohnen, von Linksradikalen auch Proletarier genannt, da hängen noch Kugeln an den Bäumen und brennen noch echte Bienenwachskerzen und da spielt man auch noch richtige Weihnachtslieder.

Aber auch dieses graue Viertel tauen wir noch auf, der Anfang wurde letzte Weihnachten gemacht, als wir am ersten Feiertag unsere Fenster öffneten und mittels Verstärker unsere Lieder zur anderen Straßenseite hinüberschickten, nämlich: Der Mai ist gekommen, und: Alle Vöglein sind schon da.

Erst versuchten die Exoten von der anderen Seite gegen uns anzustinken mit: O Tannenbaum, und mit: Leise rieselt der Schnee, aber da sie keine Verstärker hatten, ließen sie es bald.

Trotzdem. Meine Tochter und ihre Freundinnen sind sich sicher, dass uns nächstes Jahr der

Einbruch in die Arbeitersiedlung gelingen wird, dass nächstes Jahr auch im grauen Viertel Antibäume stehen werden, mit Eiern behangen und mit Frühlingsliedern garniert. Man muss bei den Leuten nur behutsam vorgehen, darf nicht erkennen lassen, dass es eine linke, vielleicht sogar eine radikal linke Initiative ist, meine Tochter tarnt das mit Mode, gegen die auch Proletarier nichts einzuwenden haben, im Gegenteil, für Mode sind sie immer zu haben, sofern sie dafür bezahlen müssen und nicht dafür bezahlt bekommen.

So schön dieser Erfolg ist, mit Konsequenz seit drei Jahren betrieben, was uns gar nicht so leicht fiel, wie es vielleicht den Anschein hat, dass wir ihn in das Viertel tragen konnten und vielleicht auch das Exotenviertel unterwandern können, es gab im eigenen Haus einen Misston, der uns letzte Weihnachten das Blut gerinnen ließ. Denn bei unserer Aufgabe, allen Menschen, die guten Willens sind, den Antibaum schmackhaft zu machen, vergaßen wir ganz, dass unser Sohn Frank älter geworden war. Damals, als wir den Entschluss fassten, Eier statt Kugeln an den Baum zu hängen, da sagte er nur: Ei, ei.

Jetzt aber, letztes Weihnachtsfest, meine Frau brutzelte in der Küche die Gans, meine Tochter vertrug in die Nachbarschaft einen Waschkorb voll Geschenke, und ich lümmelte im Sessel in meinem Zimmer und las in dem

Buch: „Einführung in den dialektischen und historischen Materialismus", da riss es mich hoch, denn ganz laut, mit Verstärker natürlich, lief in unserer Wohnung das Lied von der Stillen und Heiligen Nacht ab.

Sohn Frank hatte im Kleiderschrank gestöbert, die Platten gefunden, er saß im Wohnzimmer auf dem Teppich, um ihn herum die Weihnachtsplatten, er legte sie auf, spielte sie ab, und was das Erschütterndste war: Er sang mit.

Meine Frau kam schwitzend aus der Küche gelaufen und rief: Mein Gott, wo hat das Kind das nur her!

Von mir nicht, sagte ich.

Denkst du vielleicht von mir?

Wir stritten uns dann noch lautstark, aber viel zu hören war nicht von unseren Worten, denn Sohn Frank war bei O Tannenbaum angekommen.

Wir ließen ihn erst gewähren, dann aber nahmen wir ihn ins Gebet: Das dürfe er nie wieder tun, da werde das Christkind böse und bringe keine Geschenke mehr, und überhaupt, was werden die Nachbarn sagen, die müssen uns ja für verrückt halten und glauben, wir hätten einen Dachschaden.

Da wir eine tolerante Familie sind, mit Sinn für Fortschritt und dem Glauben an den Verstand, haben wir das unserem Sohn natürlich nicht mit Holzhammermanier beigebracht, wir haben ihm den Unterschied erklärt, der zwischen einem Baum mit Kugeln und einem Baum mit Eiern besteht.

Frank hörte zu, ganz Innerlichkeit, ganz unser Sohn, was die Aufmerksamkeit betrifft.

Meine Frau ging wieder in die Küche zu ihrer Gans, ich zu meiner Einführung in ... die Tochter kam prustend zurück, sie war ihre Geschenke endlich losgeworden, da hörten wir es wieder, diese grässlichen Weihnachtslieder, wie der Schnee leise rieselt. Ich lief zu meiner Frau in die Küche, ich war wütend, ich schrie sie an: Sofort verbietest du deinem Sohn, dass er diese Platten spielt.

Aber sie stand vor dem Herd und weinte, sie sagte nur: Die Gans ist verkohlt. So ein Unglück. Das ganze Fest ist verdorben. Weihnachten ohne Gans ... mein Gott, wenn das meine Mutter noch erlebt hätte ... mein Gott.

Gerhard Polt

Meine erste Revolution
(für meinen Sohn Martin)

Es dauert manchmal doch geraume Zeit, bis man erkennt, daß der Nikolaus kein Heiliger, sondern ein Mensch, und der Krampus (Knecht Ruprecht, Schmutzli) ein Arschloch ist – aber ganz bestimmt kein Dämon! Die Angst vor jenen Herrn ist ein Stück guter alter Tradition und auch die Wirkung dieser Angst, die Generationen von Bettnässern erzeugte.

Ich war klein, und die Macht der Nikolaustradition ungebrochen. Die Krampusse klirrten mit Ketten. Sie waren in Felle gehüllt. In ihren rußigen Gesichtern spiegelte sich das tierische Vergnügen, mit dem Ochsenfiesel sauber zuhauen zu können. Hämisch fragten die Erwachsenen: „Und? War er schon da, der Nikolaus? Bist du auch immer brav gewesen? Weil sonst kummst nei in'n Sack!"

Ich hätte es nicht geglaubt, daß man wirklich in einen Sack hineinkommt wegen Unbravheit, aber der Ismeier Manfred, mein Kindkollege, hatte es eigenhändig berichtet.

Auf dem Land wußten wir noch nichts von devoten Kaufhausnikoläusen und von der pädagogischen Einbahnstraße, die der Krampus als Erziehungsparameter darstellt.

Es war der sechste Dezember neunzehnhundertneunundvierzig gegen neunzehn Uhr, als sich ein Stiergehörnter auch meiner bemächtigte – obwohl ich die donnernde Frage des heiligen Nikolaus: „Bist du auch immer brav gewesen?", eindeutig und wahrheitsgemäß mit „ja" beantwortet hatte – und mich in seinen Sack stopfte.

Ketten klickten, klackten und rasselten, Schweine grunzten und Ratten pfiffen, als ich im Sack an einem Haken im Saustall aufgehängt wurde. Ich schrie eine Ewigkeit in dieser finsteren Hölle des Onkel Hieronymus Bosch. Und manchmal wache ich heute noch auf in der Nacht, schwitzend, sehe den Krampus auf mich zukommen … und ich weiß, ich habe eine Kindheit gehabt, die kann mir keiner mehr nehmen!

Umständehalber verließ ich das Land und kam in die Großstadt zur Zeit, als wiederum die Existenzfrage: „Bist du auch immer brav gewesen?" im Raum stand.

Ein zirka achtjähriger Robespierre forderte mich, den Neuling vom Land, auf:

„Und? Gehst mit, am Nikolo an Bart anzünden?"

Mir wurde schwindlig. „Einem Nikolaus den Bart anzünden"? Was heißt da „einem"? Es gibt doch nur *den* Nikolaus. Den heiligen St. Nikolaus! Und *ihm* den Bart anzünden? – Ein ungeheures Vorhaben! Vor kurzem noch vom Krampus gejagt, frisch einem noch feuchten

Bett entwichen, überrollte mich die Frage des Großstadtrevolutionärs aufs neue. Sie wirkte jetzt eine Spur gleichgültiger.

„Oiso, was is? Gehst jetza mit oder net?"

„Sowieso!" hörte ich mich antworten. Mein Herz war in der Unterhose angelangt.

Kurz darauf standen wir schon vor unserer „Bastille", der Türken-/Ecke Schellingstraße. Hundert bis zweihundert Kinder, bis an die Zähne mit Latten, Stöcken, Zwisteln und Steinen bewaffnet, harrten vor dem Portal des Studentenschnelldienstes der Nikoläuse.

Schon kam einer heraus. Aus allen Kehlen erscholl ein Pfuiii, ein Pfeifkonzert, kreischendes Hohngelächter. Ein Gewitter von Wurfgeschossen entlud sich in Richtung Nikolaus, welcher unwürdig behende auf einem Fahrrad das Weite suchte.

Ein neuer Schnelldienstheiliger wurde auf die Straße gespuckt, um Tradition zu verbreiten.

„Da is scho wieder oana!" jauchzten die jungen Revoluzzer im Kampfesrausch. „Den machma fertig!" schrien sie.

Mein Genosse und Animator reichte mir feierlich sein Sturmfeuerzeug. „Jetzt zündma eam an Bart o! Mia gebm da Rückendeckung!"

Fest entschlossen, meine jahrelange Demütigung mit einem Bartbrand zu rächen, laufe ich mit weichen Knien über die Straße, das Sturmfeuerzeug wie eine Fackel erhoben haltend.

Schlachtengesänge wie „Nikolo, scheiß ins Klo!"
tragen mich vor das entsetzte Gesicht des heiligen Mannes. Wieder verdunkelte sich der Himmel vor lauter Zaunlatten und Haken, Pfeilen ...
Wasserbomben ... Eiern – es herrscht Krieg. Der
Nikolaus duckt sich, macht zwei, drei schnelle
Schritte und verschwindet in der Sicherheit des
nahen Gemüseladens ... Wumm! Ktschschk!
Duiiiing! Das Schaufenster birst, ein Volltreffer!
Johlen! Der Nikolaus liegt auf dem Boden,
umgeben von Glas. Ein Splitter hat sein Gesicht
verletzt. Rotes Blut tropft auf seinen weißen
Bart. Er reißt ihn sich vom Kinn und drückt ihn
auf die Wunde. Ich sehe ein junges Gesicht voller Panik.

Jetzt rollt, nach überwundener Schrecksekunde, der Gemüsehändler mit seiner enormen Wampe auf den Nikolaus zu und bespeit
ihn mit einem Potpourri von Unflätigkeiten,
worin er dem Wort „Drecksau" eindeutig den
Vorzug gibt. Der Nikolaus entwindet sich dem
Griff des Fetten und flieht aus dem Laden. Zum
Glück trifft ihn sein eigener, wie ein Speer nachgeschleuderter Krummstab nicht mehr.

Das Kinderheer auf der anderen Straßenseite
aber hat sich blitzschnell aufgelöst. Und ich, ich
stehe da, den blutleeren Daumen auf dem
Sturmfeuerzeug.

Dann geh ich heim als Sieger. Sieger einer
Revolution, deren Errungenschaften unumkehrbar sind!

PS: Sachzwänge nötigen mich seit Jahren am 6. Dezember in ein eindrucksvolles, stilechtes Nikolausgewand. Ich versuche ein fairer, aufgeschlossener, geschenkbereiter, psychologisch hieb- und stichfester Heiliger zu sein. Nur wenn ich frage: „Bist du auch immer brav gewesen?", beschleicht mich so ein Gefühl ...

Trotzdem. Schwamm drüber! Im nächsten Jahr bin ich schon wieder voll ausgebucht.

Unheilige Weihnachten

Es ist eine Kälte! Dass Gott erbarm!
Drinnen im Zimmer war's warm.
Da tanzte der Feuerschein so nett
Auf dem weißen Kachelofen Ballett.
Zwei Bratäpfel in der Röhre belauschten,
Wie die glühenden Kohlen
Behaglich verstohlen
Kobold- und Geistergeschichten tauschten.

Joachim Ringelnatz

Feiere oder feiere nicht, du wirst beides bereuen.
Arthur Schopenhauer

✦

Weihnachten – ein Fest der Freude. Leider wird dabei
zu wenig gelacht.
Jean-Paul Sartre

✦

Mein sehnlichster Weihnachtswunsch: Kain und Abel
würden einen Nichtangriffspakt schließen und alle
Menschen wären Brüder.
Marianne Sägebrecht

Erich Kästner

Verhinderte Weihnachten
(Ein altes Kinderspiel, renoviert)

Zunächst verteile man die schönsten Rollen:
Der Gustav eignet sich – weil er mutiert –
zum Weihnachtsmann. Valeska bäckt die Stollen,
indem sie Semmeln mit Rosinen ziert.

Als Mutter lässt sich Frieda gut gebrauchen.
Denn sie ist dick und trägt bereits Frisur.
Und Karl muss Vater sein. Denn Karl kann
    rauchen.
Und außerdem besitzt er eine Uhr.

Die andern Kinder können Kinder bleiben.
Sie dürfen kratzen, Nasen ziehn und schrein
und dürfen gern ein bisschen übertreiben.
Auch heulen dürfen sie. Doch nur zum Schein.

Dann werden die Rouleaus herabgelassen,
damit es dunkel wird und draußen schneit.
Der Karl muss öfters an den Ofen fassen
und murmeln: „O du liebe Weihnachtszeit!"

Und dann darf Gustav in das Zimmer treten.
Als Weihnachtsmann. Mit einem weißen Bart.
Und brummen muss er: „Könnt ihr denn auch
    beten?
Damit ich sehe, ob ihr artig wart!"

Da müssen alle Kinder schrecklich lachen
und rufen: Gustav sei kein Weihnachtsmann!
Mit ihnen wäre so was nicht zu machen!
Da geht dann Gustav wieder nebenan.

Jetzt müssen beide Eltern furchtbar zanken:
Pfui! Das erleben sie zum ersten Mal!
Und solche Eltern könnten sich bedanken!
Und solche Kinder wären ein Skandal!

Zum Schluss muss Karl sich möglichst ernst
    gebärden,
und man muss spüren, dass er es beklagt:
„Da unsre Kinder täglich klüger werden"
– erklärt er – „wird die Feier abgesagt."

Karl Valentin

„Heiliger Abend" – abgesagt

Das Weihnachtsfest ist wieder vorbei. – Das Christkindl hat einem Kind mehr, dem andern weniger und manchen Kindern gar nichts gebracht, weil letztere die Enkelkinder eines Hypochonders sind. Für einen hypochondrischen Vater (Hypochondrie heißt Überängstlichkeit!) oder eine solche Mutter ist es schwer, eine richtige Art Spielzeug zu finden, weil solche Eltern in jedem Spielzeug eine Gefahr für die Kinder befürchten. So ein Hypochondervater bin ich auch. Ich wollte meinen Enkelkindern Schi kaufen, aber die Kinder könnten damit stürzen und sich die Genicke brechen. – Gummibälle dagegen wären gefahrlos – oh, nein! Gummibälle kollern auf dem schmutzigen Boden umher; Bazillen, Bakterien, wie gesagt: Sämtliche Krankheitserreger bleiben daran haften, wandern von den Kinderhänden zum Mund, und infektiöse Kinderkrankheiten, wie Scharlach, Masern – Altersschwäche u. dgl. sind die Folge – also: keine Gummibälle. Eine Kindereisenbahn? Nein – die geheizte Dampflokomotive könnte unter die Bettlade fahren, könnte umfallen, der Spiritus auslaufen, das Bett zu brennen anfangen, das Zimmer auch, die Kinder ebenso auch, und das Unglück wäre geschehen. – Bleisoldaten sind schon ganz ausgeschlossen, denn von Bleivergiftung hat man schon viel gehört. – Ein Steinbaukasten kommt schon gar nicht in Frage; wie leicht kommen die Kinder in Streit, werfen sich gegenseitig einen Stein an die Schläfe, man denke an David und den Riesen-Goliath. – Ein Farbenkasten ist harmlos, aber beim Malen von grünen Bäumen verwendet man grüne Farben. Grün setzt Grünspan an, Grünspan ist Gift – also wieder eine Gefahr für die Kinder. – Geduldspiele sind für Kinder wiederum nicht zu empfehlen, da den Kindern schon in jungen Jahren die Geduld reißen kann, und ein nervöses Leiden ist unausbleiblich. – Papierdrachen zwingen die Kinder zum Spielen im Freien – frische Luft ist den Kindern gesund – aber wenn der Drache in der Luft fliegt, schauen die Kinder nach oben, laufen schließlich in ein daherrasendes Auto hinein und kommen unter die Räder. – Eine Flobertpistole – um Gottes willen, Schusswaffen in Kinderhänden, davor wird immer gewarnt. – Trommeln und Trompeten sind an sich harmlos, aber da machen die Kinder wieder zu viel Lärm – die Hausbewohner beschweren sich – die Eltern bekommen mit diesen Streit – Gerichtsverhandlung, von wegen Beleidigung, bleibt nicht aus; also Trommeln und Trompeten auch nicht das Richtige. – Badehosen für den Sommer zum Baden? Die Kinder gehen zum Baden und könnten da ertrinken. Eine Zimmerschaukel? Strick reißt – Hals- und Beinbruch.

– Kleine farbige Schusser aus Stein, zum Kugeln – sehr gefährlich. Die Kinder verschlucken oft aus Übermut solche Kugeln, der Arzt kuriert auf Gallensteine – und wer ist schuld? Die unvernünftigen Eltern. – Also gut, kein Spielzeug zur Bescherung, sondern nur ein Weihnachtsbaum mit brennenden Kerzen. Halt! Soeben fällt mir eine Zeitungsnotiz ein: Am Heiligen Abend entstand in der Bahnhofstraße Nummer 13 ein Zimmerbrand. Eine zu nahe an der Fenstergardine brennende Kerze entzündete dieselbe, griff mit rasender Schnelligkeit um sich, und im Nu standen die Fenstervorhänge nebst Bris-bis in hellen Flammen. Die sofort herbeieilende Feuerwehr bekämpfte mit zwei Schlauchlagen die drohende Gefahr. Statt der Bescherung kam also die Feuerwehr ins Haus. Dann lieber auch keinen Weihnachtsbaum wegen Feuergefahr. – Ich muss es selbst sagen: Der Heilige Abend war zwar mies, aber – gefahrlos.

Dietmar Bittrich

Im Weihnachtsmärchen

Am Abend saß ich mit Konrad zwischen plappernden Kindern und aufgeschlossenen Eltern unter dem Barockhimmel des Stadttheaters. Die Wandstrahler waren mit Lametta behängt, Sterne leuchteten an den gerafften Gardinenstoffen, und auf dem purpurnen Vorhang glitzerte ein Winterwald. Wir saßen in einem Konzert aus Rufen und Quengeleien und dem Klappen von Sitzen, das untermalt wurde vom Knistern einiger hundert Gummibärchentüten und dem begleitenden raumfüllenden Schmatzen.

Da trat ein Mann im Nikolauskostüm vor den Vorhang.

„Der Intendant", raunte die Mutter des kleinen Mädchens neben uns. „Er macht es immer so stimmungsvoll."

Der weihnachtliche Vorbote erklärte den lieben Kindern, es gehe nun geradewegs hinein in das Märchenzauberland. Und dieses Land sei so beschaffen, da verwandele sich immer ein Märchen in das nächste, wie durch Zauberhand. In der Zeitung hatte es nüchterner geheißen, es handele sich um eine Revue der beliebtesten Märchenszenen, sozusagen um ein Medley der besten Hits von Jacob und Wilhelm Grimm. „Vieles wird euch vertraut sein", versprach der Intendant. „Und diejenigen von euch, die alle

Märchen erkennen, die also jedes Mal richtig raten, bekommen am Ende eine Überraschung! Und zwar von mir! Vom Weihnachtsmann!"

Unsere Nachbarin nickte uns zu wie den Konkurrenten in einem sportlichen Wettbewerb, da ging auch schon das Licht aus.

Der Vorhang öffnete sich. Wir sahen eine Prinzessin um einen Brunnen aus Pappmaché hüpfen. Sie warf einen goldenen Ball in die Luft und gleich darauf in den Brunnen. „Oh! Mein goldener Ball! Ist er verloren?"

Sie rang die Hände und setzte sich auf den Brunnenrand.

„Froschkönig!", riefen die allerklügsten unter den lieben Kleinen, auch das Mädchen neben uns. Konrad nicht.

Die Prinzessin nickte stumm und wrang ein Taschentuch aus. Schon tauchte aus den Tiefen des Brunnens ein beachtlicher Frosch empor. Statt einer goldenen Krone trug er zwar eine rote Weihnachtsmütze, doch er versprach, den goldenen Ball zu holen, wenn die Prinzessin ihn nur heiraten wolle. Ja, sicher, doch, das wollte sie. Als er gleich darauf mit Gold im Maul wieder emportauchte, entriss sie ihm jedoch den Ball und lief davon.

„Nein, du musst ihn heiraten!", riefen die Kinder. „Er ist ein Prinz!" Die Prinzessin hörte nicht. „Das ist ein Prinz!", riefen die Kinder. Der dicke Frosch watschelte hinter ihr her. „Du musst ihn küssen!", johlten die Kinder.

Die Prinzessin starrte den Frosch an. An die Wand werfen konnte sie ihn nicht. Er war zu schwer. Also küsste sie ihn. Blitz und Donner, Nebelschwaden. Aber da stand kein Prinz. Der Frosch hatte sich in den Weihnachtsmann verwandelt! Die Kinder jubelten. Die Prinzessin war offenbar ein wenig überrascht.

Unsere Nachbarin nickte uns wissend zu. „Der Intendant hat immer so lustige Ideen."

„Heute, Kinder, wird's was geben!", versprach der Weihnachtsmann. „Aber was? Was, meine holde Prinzessin, möchtest du essen zu unserem Hochzeitsmahl? Karpfen? Gänsebraten? Milchzicklein?"

Die Prinzessin wirkte ein wenig ratlos. Entweder war die Szene nicht genug geprobt worden, oder der Dialog hätte anders ablaufen sollen. „Milchzicklein?", wiederholte sie ungläubig.

„Na schön, in Ordnung, Milchzicklein", bestätigte der Weihnachtsmann. „Das kann ich besorgen. Dazu muss ich allerdings in meinen Wolfspelz schlüpfen." Den holte er nun unter Bravorufen und Beifall aus seinem Jutesack. „Ach, und zum Nachtisch?", fragte er die Prinzessin, während er sich in das Wolfskostüm zwängte. „Kuchen vielleicht? Und einen Schluck Wein?"

Die Prinzessin nickte stumm. Ihr fiel offensichtlich nichts mehr ein. Doch das war auch nicht nötig. Es gab einen Ruck, die Bühne setzte sich in Bewegung, und der dicke Weihnachtswolf tappte schwerfällig an der Rampe auf und ab, während die Bühne sich drehte. Einige kleine Kinder mussten angesichts der räudigen Kreatur beruhigt werden.

Schon öffnete sich ein bescheidenes bäuerliches Zimmer. Der Wolf hob das Haupt und schnupperte. Die Tür sprang auf.

„Rotkäppchen!", rief Konrad etwas voreilig. Sieben Ziegen, von Kindern gespielt, hüpften zur Tür herein.

„Der Wolf und die sieben Geißlein!", korrigierte das Mädchen neben uns.

„Sie müssen Ihrem Sohn mehr vorlesen", belehrte mich die Mutter.

Jetzt klopfte der Wolf an die Tür des Geißlein-Häuschens. „Oh, wer mag das sein?", riefen die sieben Geißlein. „Hoffentlich nicht der große böse Wolf!"

„Ich bin's, eure liebe Mutter!", erklang eine beleidigend schlecht verstellte Männerstimme.

„Oh, unsere liebe Mutter!", erwiderten die Geißlein.

„Nein! Nein!", brüllten die Kinder im Publikum.

Die sieben Geißlein ließen sich nicht abhalten: „Schnell! Öffnen wir unserer Mutter die Tür!"

„Nein, es ist der Wolf!", schrien die eifrigsten Kinder.

„Der Weihnachtsmann!", rief Konrad.

Die Mutter des kleinen Mädchens musterte mich ernst.

Viel zu spät stoben die Geißlein auseinander. Grimmig griff sich der Wolf das erste und zog ihm einen Sack über den Kopf, schleifte das zweite hinter einem Stuhl hervor, das dritte unter dem Sofa. Jedes der sechs wurde gefangen und in einen Sack gesteckt. Einige Kinder im Publikum fingen an zu weinen und bekamen als Trost Schokolade zum Verschmieren der samtenen Sitze.

„Und das siebente?", fragte der Wolf. „Hier wohnen doch sieben Geißlein? Bisher habe ich nur sechs!" Er trat an die Rampe. „Wisst ihr, wo das siebente ist?"

Einige Kinder wollten sofort damit herausplatzen, doch die Eltern zischelten: „Scht!"

Der Wolf klappte seine Schnauze über den Kopf, sodass Rauschebart und rote Mütze sichtbar wurden. „Ihr braucht keine Angst zu haben, ich bin's doch, der Weihnachtsmann! Na? Wo ist das siebente Geißlein?"

Ich konnte Konrad nicht bremsen: „In der Uhr! Es ist in die große Uhr gekrochen!" Er hatte recht, doch es war blamabel.

„Petze!", zischte das kleine Mädchen neben uns. Seine Mutter lächelte in spöttischem Mitleid.

Zufrieden klappte der Wolf seine Schnauze herunter: „Danke, mein Junge!" Er ging schnurstracks zur Standuhr, öffnete sie und griff sich das siebente Geißlein. „So, ihr dürft wieder spielen!", sagte er zu den anderen sechs und nahm ihnen die Säcke vom Kopf. „Dieses hier sieht am leckersten aus, das reicht für die Prinzessin und mich! Nun brauche ich nur noch Kuchen und Wein!" Mit dem siebenten Geißlein im Sack, unter dem Gekreisch der Kinder, begab er sich auf den Weg.

Hinter mir klirrte eine Flasche zu Boden. Ihr schäumender Inhalt umspülte kurz meine Schuhe, bevor er die leichte Schräge abwärts zur Bühne rann.

Dort trat nun ein Mädchen in Tracht auf. Es hatte dunkle Haare und ein blasses Gesicht und hätte ganz gut einen giftigen Apfel essen können. Wohl deshalb und bestärkt durch die gute Zusammenarbeit mit dem Wolf, vermutete Konrad siegesgewiss: „Schneewittchen!"

Grinsende Eltern vor uns drehten sich um, die umsitzenden Kinder krähten vor bösem Vergnügen. Die Mutter neben mir rückte ab, um nicht für unsere Verwandte gehalten zu werden. „Rotkäppchen!", riefen alle, denn das Mädchen spazierte mit einem Korb in der Hand die Rampe entlang und pflückte unsichtbare Blumen. Ich beschloss, Konrad zum Fest ein leicht verständliches Märchenbuch zu schenken und es Punkt für Punkt mit ihm durchzugehen.

Der Wolf sprach das Rotkäppchen an. Was es da im Korb habe? Kuchen und Wein? „Ah ja, perfekt." Und wohin es gehe? Zur Großmutter?

„Aha. Danke!" Er trabte zufrieden weiter, der sich öffnenden Szene entgegen.

Einige Kinder wollten aufs Klo. Die Eltern tuschelten, gerade jetzt werde es spannend.

Wir sahen Großmutters Waldhaus von innen. Die alte Dame lag im Bett. Der Wolf klopfte an.

Die Großmutter richtete sich schwächlich auf. „Bist du es, Rotkäppchen?"

„Richtig geraten", sagte der böse Wolf und trat ein.

Die Großmutter erschrak: „Aber Rotkäppchen, was hast du denn für große Ohren!"

„Das ist nur ein Kostüm", sagte er nun und zog es aus. „Ich bin der Weihnachtsmann."

Die Schauspielerin mit dem Part der Großmutter war auf dieses Stichwort offensichtlich nicht vorbereitet. „Aber was hast du für große Hände?", fragte sie stur.

„Das ist nun mal so", sagte er und stülpte ihr einen Sack über den Kopf. „Und jetzt Ruhe."

Einige Kinder, angestachelt von den begleitenden Großeltern, protestierten vergeblich. Auch neben uns wurden Bedenken geäußert.

Während die Großmutter sich kraftlos wehrte, steckte der Weihnachtsmann sie in den Wolfspelz, zog den Reißverschluss zu und legte diesen neu gefüllten Wolf ins Bett. Sie hustete bellend. „Ja, gut", lobte er. „Das klingt echt."

Nun trat Rotkäppchen ein. „Ei, Großmutter, was hast du denn für große Ohren!"

„Das kannst du dir sparen, sie hört dich nicht", antwortete der Weihnachtsmann.

„Ei, Großmutter, was hast du denn für große Augen!"

„Sie sieht dich auch nicht", sagte er. „Um es kurz zu machen: Ich bin am Haus vorbeigekommen und habe so ein seltsames Schnarchen gehört, da habe ich gedacht, Mensch, der Alten fehlt vielleicht was, und trete ein. Da liegt doch tatsächlich der Wolf im Bett und schnarcht. Ich denke: Hat der sie etwa gefressen? Also schneide ich ihm den Wams auf, und ja, tatsächlich, da ist die Großmutter drin! Hier!" Er zog den Reißverschluss des Wolfskostüms auf. „Bitte sehr: Sie lebt noch!"

Rotkäppchen stand sprachlos da. Zweifellos hatte die Darstellerin den Wortwechsel bei den Proben anders einstudiert. Der Weihnachtsmann kam ihr zu Hilfe. „Du willst jetzt sicher wissen, wie du es mir danken kannst", vermutete er. Rotkäppchen nickte unsicher.

„Gib mir einfach den Kuchen und den Wein", fuhr er fort. „Das soll mir genug sein." Kurz entschlossen nahm er ihr den Korb aus der Hand und verließ die Szene. „Ach, noch etwas", rief er, während die Bühne sich wieder zu drehen begann. „Wenn die Großmutter rausgeklettert ist, rate ich dir, den Bauch des Wolfs mit Wackersteinen zu füllen. Sonst frisst er euch am Ende doch noch!"

Der Weihnachtsmann trat an die Rampe.

„Keine Angst, ihr lieben Kinder", sagte er. „Jetzt habe ich mein Zicklein, ich habe meinen Kuchen, meinen Wein. Nun gehe ich zurück zur Prinzessin, auf mein Schloss, endlich kehre ich heim."

Doch das war unmöglich. Das Schloss war überwuchert von üppigen Rosenhecken. Selbst an den Türmen rankten Blüten und Dornen empor.

„Prinzessin!", rief der Weihnachtsmann. Alles blieb still. „Prinzessin! Lass dein goldenes Haar herunter!" Die Mutter neben mir beugte sich flüsternd zu ihrer Tochter.

„Rapunzel!", kreischte das Mädchen.

„Das ist nämlich nicht leicht", erklärte mir die Mutter.

Nun fielen auch andere ein. „Rapunzel! Rapunzel!"

Stattdessen betrat eine verschleierte Dame die Bühne. „Die Prinzessin hat sich an einer Spindel gestochen", erläuterte sie. „Sie ist in einen tiefen Schlaf versunken. Dann wuchs die Hecke riesengroß. Du musst über die Dornen klettern und sie wieder wecken, durch einen Kuss."

„Dornröschen!", schrien alle, auch die Allerkleinsten. Konrad nicht; er hatte sein Pulver verschossen. „Weck sie auf! Du musst sie wecken!", riefen die Kinder. „Du musst rüberklettern!"

Der Weihnachtsmann kratzte hier, schabte dort, nahm eine Rosenschere aus dem Mantel und pikte in die Pappe. „Tut mir leid", gab er schließlich bekannt. „Das ist mir zu stachelig!"

Die Fee war nicht vertraut mit dieser Wendung. Sie sprach streng: „Aber du musst die Hecke überwinden! Wenn du es nicht tust, wird die Prinzessin hundert Jahre schlafen!"

„Nicht so schlimm. Es gibt ja noch genug andere Frauen", meinte er zuversichtlich.

Die Unruhe im Publikum wuchs. Von den Müttern war Murren und Protest zu vernehmen. Die Fee wandte sich zum Souffleurkasten. Von dort kam jedoch nichts, oder sie konnte es nicht hören, weil die Kinder forderten, der Weihnachtsmann müsse sofort Dornröschen küssen.

Stattdessen trotteten auf seinen Wink hin sieben Zwerge aus den Kulissen. Sie trugen einen gläsernen Sarg. Darin lag ein blasses Mädchen mit schwarzem Haar.

„Das, mein Kleiner", sprach die Mutter neben uns und beugte sich zu Konrad, „ist Schneewittchen. Sag mal deinem Papi, er soll dir das vorlesen."

Die Kinder skandierten längst Schneewittchens Namen. Die Zwerge setzten gerade umständlich zum vorgeschriebenen Straucheln an.

„Vorsicht!", rief der Weihnachtsmann. „Stolpert bloß nicht! Sonst wacht sie auf!"

„Das finde ich jetzt aber falsch", sagte die Mutter des kleinen Mädchens. „Irgendeine Prinzessin muss er doch heiraten."

Es kam nicht dazu. „Husch, zurück in eure Höhle", befahl der Weihnachtsmann den Zwergen. „Und gebt acht beim Tragen!"

Vergeblich winkte Schneewittchen aus ihrem beschlagenen Glaskasten. Umsonst kreischten die Kinder. Von der anderen Seite humpelte schon eine Hexe herein. Die verwirrten Bühnenhelfer schickten jetzt das komplette verfügbare Personal auf die Bühne.

„Ah, meine liebe Frau!", sprach der Weihnachtsmann. „Mit ihr will ich ein Pfefferkuchenhaus backen. Vielleicht können wir ein paar hungrige Kinder anlocken!"

Er hatte inzwischen kaum noch Rückhalt im Publikum. Etliche Eltern machten Anstalten, aufzubrechen. Da hielt der Weihnachtsmann es für angebracht, sich direkt an die Kinder zu wenden. „Erst warmen Pfefferkuchen, dann ein kühles Bier!", sagte er. „Denn heute back ich, morgen brau ich, übermorgen hole ich das Christkind ab. Ach, wie gut, dass niemand weiß, wie ich heiß!"

„Weihnachtsmann?", wisperte Konrad unsicher.

„Rumpelstilzchen!", tönten die anderen Kinder im Chor.

„Ja, ihr lieben Kleinen", sprach der Weihnachtsmann. „Jetzt, zum Schluss, spiele ich für euch das Rumpelstilzchen. Denn ich verfüge über Zauberkraft. Ich kann Gold zu Stroh spinnen. Und nun kommt die Überraschung für euch, aber nur für diejenigen, die richtig geraten haben!"

Das kleine Mädchen neben uns rutschte aufgeregt auf seinem Sitz hin und her.

„Für euch, die ihr richtig geraten habt, spinne ich jetzt Gold zu Stroh. Bittet also eure Eltern um alles Gold, das sie bei sich tragen, zum Beispiel Armreifen, Broschen, Ringe, Uhren oder Halsketten. Bringt es mir auf die Bühne. Aus diesem Gold zaubere ich speziell für euch reines, trockenes Stroh! Echtes Weihnachtsmannstroh! Kommt, bringt es her zu mir!"

Die Kinder redeten aufgeregt auf ihre Eltern ein. Es kam zu einem Handgemenge. Das kleine Mädchen neben uns zerrte wie wild an Armreif und Kette der Mutter. Vor uns, hinter uns, überall wanden sich Eltern wie unter einer Bande kindlicher Gangster.

„Ich nehme auch Autoschlüssel!", brüllte der Weihnachtsmann in den Aufruhr.

„Das ist jetzt aber zu viel", ächzte die Mutter neben uns außer Atem. „Das geht zu weit."

Die meisten Eltern hatten sich von den Plätzen erhoben und fuchtelten, als wollten sie Ungeziefer abschütteln. Die Kinder schrien nach Schlüsseln und Gold. Zufrieden und mildtätig, so herzensgut, wie nur ein Weihnachtsmann aussehen kann, betrachtete der Anstifter von der Bühne aus all das Gemenge und Gewirr und Gezeter.

Da betrat ein unscheinbarer Herr im Sakko die Bühne. Beruhigend, wenn auch erfolglos, hob er die Hände und setzte an, etwas zu erklären, das sofort unterging in Protest und Getümmel.

Die Mutter neben uns starrte auf die Bühne. „Das", sagte sie verwundert und gab ihrem handgreiflichen Kind eine Ohrfeige, „ist der Intendant!"

Dann ging alles blitzschnell. Die Bühnenhelfer schleppten einen meterlangen blonden Zopf herein, Rapunzels Haar. Das schnappte sich der Weihnachtsmann und warf es dem Intendanten zu. Der wollte es fangen, griff jedoch in die Luft und rutschte aus. Alle liefen zusammen, um ihm aufzuhelfen. Nur der Weihnachtsmann nicht. Der zog sich rasch und diskret in die Kulissen zurück.

„Ich dachte, der Intendant hat mitgespielt", staunte die Mutter. „Ich dachte, er hatte die Hauptrolle. Aber dann war das wohl ..." Sie überlegte scharf.

„Der Weihnachtsmann", sagte Konrad.

Und diesmal hatte er recht.

Gerhard Polt

Kindermodenschau

Veranstaltungsraum eines Hotels. Dr. Tschiep spielt auf der Hammondorgel Weihnachtslieder. Gut geklei-dete Kinder sitzen neben ihren noch besser gekleide-ten Muttis. Im Nebenraum stehen Uschi Blaß und ein St. Nikolaus vom Künstlerschnelldienst.

Frau Blaß: Ja, aber Sie hätten doch daher ge-nausogut mit der Trambahn herfahrn kön-nen, und an Bus gibts aa no, da brauchen Sie doch koa Taxi nehman. Des war net verein-bart ...

Nikolaus: Ja, schon, aber Frau Blaß, des waar unheimlich knapp wordn. I war ja bis jetz no auf am Seniorennachmittag, de oidn Leit, wissen S', des ziagt si oiwei.

Frau Blaß: Redn S' net, der Achtafuffzger fahrt alle zehn Minutn, da hättn S' ...

Nikolaus: Ja, aber ...

Frau Blaß: Des is mir gleich, as Taxi zahl i net, des war mit Ihrer Agentur net vereinbart. Also, jetzt passen S' auf: Hier ham Sie die Kundenerwähnungswünsche von de Promi-nentenkinder, die namentlich erwähnt werdn solln, lesen S' es gschwind durch, daß S' koan Fehler neibringen. Also, Sie kemman nach am fünften Kind, des is der Boris im Discofieber, des is der da, gell, Boris, und

153

dann nehman Sie gleich des sechste Kind mit über die Rampe …

Nikolaus: Ich hab da stehn: Natascha als Gänseliesl …

Frau Blaß: Ja genau, mit der Natascha kommen Sie, und dann is Bescherung. Also, zerscht die Prominentenkinder, und vor allem de von der wichtigen Kundschaft, de sitzn alle an Tisch eins bis drei, de restlichen Packerln verteiln S' dann nach Gusto, soweit no oa da san …

Nikolaus *hat Kundenerwähnungswünsche durchgelesen:* Ja, Sie, da steht: „Stinkfaul und pariert daheim überhaupt net", des is doch a bißl hart für so a Kind, soll i des wirklich aso sagn?

Frau Blaß: Sie tragn vor, was auf'm Zettl steht, verstandn? Mischen S' Eahna da net ei. Des is ois mit der Kundschaft aso abgesprochen. Und vergessen S' net: „Von draußt vom Walde komm ich her, da braucht ma was Gscheits zum Oziagn, mir machen Kindermode …"

Nikolaus: Jaja, ich woaß scho, auch an Kleiderwunschzettel ansprechen. Kimmt ois, Frau Blaß. Wia hoaßn glei de Stiefeln wieda?

Frau Blaß: Juwenta.

Nikolaus: Ah ja, und der Vernon-Pelzumhang. Puh, hoaß is's da herin.
Legt Umhang ab.

Frau Blaß: Aber ja net zu früh! Mit der Natascha als Gänseliesl kommen Sie.

Nikolaus: Is gebongt, Chefin.

Ein Kind im Pelzmantel weint.

Frau Blaß: Ja, Nicole, mein Kleines, wer wird denn da weinen, jetzt, wo dein schöner großer Auftritt kommt?! Andere Kinder wären froh, wenn sie so einen schönen Mantel vorführen dürften. Nicole-Schätzchen, das wird schon ... Frau Sieber?! Frau Sieber, Sie schicken die Kinder auf Stichwort über die Rampe. Des muß klappen, gell. Jaja, mein Schätzchen, is ja schon gut, is ja halb so schlimm. Schau, Nicole, die Mütze darfst du hinterher behalten. So, ich muß jetzt, Frau Sieber. Achtung ... *Geht auf die Bühne.*

Nikolaus: Geh weiter Kindl, denk dir doch nix. Da, hast an Lebkuchn.

Im Saal

Frau Blaß *tritt lächelnd auf; Hammondorgeltusch, Applaus:* So, liebe Kinder, liebe Eltern, jetz is es wieder soweit, das Fest der Freude rückt näher, und wie jedes Jahr um diese fröhliche Zeit der Erwartung haben wir von Uschis Kinderbasar uns wieder was ausgedacht, was euch, liebe Kinder, vielleicht Freude macht zum Anziehn, Überziehn, zum Umhängen oder zum Kuscheln, und natürlich für euch, liebe Eltern, ein paar zünftige Anregungen für den Wunschzettel oder den Gabentisch eurer Bambinis. – Ich hab davor noch in den Wald gespitzt und den St. Nikolaus getroffen, und der hat eurer Uschi fest versprochen, daß er nachher bei unserm kleinen modischen Adventsnachmittag vorbeischaut. Er hat gesagt, er hätt ein paar Überraschungen für unsere Basarkinder. Da sind wir ja alle gespannt, was der St. Nikolaus da für uns, oder besser, für euch, liebe Kinder, bereit hat. *Applaus.* So, und jetzt, auf los geht's los! Herr Dr. Tschiep, bitte Musik! *Musikeinsatz, Applaus.* Und als erstes sehen wir nun unsere Nicole mit dem Modell „Eisbär" von Clochard mit der dazu passenden Exklusivmütze „Uppsala" in rustikaler Baumwolle. – Ja, wo bleibt sie denn, unsre Nicole? *Dezent* Frau Sieber! – Ja, wo ist denn unsere Nicole? *Geht ab, kommt mit verrotzter Nicole wieder und schleift sie über den Laufsteg.* Ja, haha, unsere Nicole ist heut ein wenig verschnupft, sie hat halt unsern Mantel, Modell Eisbär, zu spät angezogen, gell, Nicole? Ja brav, haha, ja, einen kleinen Applaus hat sie doch verdient, unsere Nicole. Danke, Frau Sieber ... *Nicole ab.* Unser kleines Eisbärle von Clochard kostet komplett mit Rustikalmütze vierhundertachtunddreißig Mark exklusiv bei Uschis Basar. So, als nächstes, ah, da ist er ja schon, unser Dimitri, ganz professionell macht er das, wie ein echter Dressman. *Applaus.* Dimitri als kleiner Lord, mit farblich abgestimmter Pausebrottasche für den kleinen Hunger zwischendurch.

Statt dem Tweedjackett kann man auch mal nur den original Norwegerpulli Modell Sven, komplettieren, das sieht dann oft besonders süß aus, hier, unser Dimitri ... *Dimitri zieht das Jackett aus, man sieht den Norwegerpulli, Applaus.* Der kleine Lord, ein besonders lässiges Modell exklusiv für Uschis Basar von der Firma Clochard. *Dimitri ab.* Ja, und jetzt einen Sonderapplaus, süß sehn sie aus, sind sie nicht herzig, wie ein kleines Brautpaar, der Uli und die Ingeborg im aktuellen Winterfreizeitdreß Pinguin eins und zwei, lieferbar in den aktuellen Modefarben Rouge, Gelb, Azur, Beige, Champagner und Flaschengrün, hei, da macht das Schlittschuhlaufen Spaß. Pinguin zwei mit modischem Cape, Pinguin eins mit dem zünftigen Südwester, und für den kleinen Wunschzettel, da, Uli, zeig mal schön, die Allwetterstiefel von Caligula. Ja, schön macht er das, der Uli. Sonderapplaus, ein Sonderapplaus für den Uli. *Applaus.* Vielen Dank auch, liebe Ingeborg. *Applaus.* Für die schicke Nachmittags-Schokoladenparty oder für 'ne tolle Kinderfete jetzt was ganz Verrücktes: unser Boris im Disco-Fieber! Frau Sieber! *Lichtwechsel, Discomusik.* Ja, das geht in die Beine. Toll, dieser Boris. Diese Safranlederhose, da fahren die kleinen Girls reihenweise drauf ab. Einen Sonderapplaus für den Boris. Discohose, Kappe, Jacke und Perlenkette, Stepschuhe und Disco-Jojo exklusiv bei Uschis Kinderbasar, Kreation Uschi Blaß, sechshundertvierundzwanzig Mark. Ja, toll, dieser Boris! *Boris ab, Applaus.* Obacht. Oh, là, là, jaa, jetzt, liebe Kinder, hab ich, glaub ich, ein Glöckchen gehört, da bin ich aber gespannt, wer jetzt da hereinschneit. Ja, das ist unsere Natascha als Gänseliesl, und, jaa, ich hab's doch gewußt, da ist er, der heilige St. Nikolaus, Applaus für den St. Nikolaus! *Applaus. Nikolaus geht mit Natascha auf und ab.* Ja, St. Nikolaus, wo kommst du denn her? *Schubst Gänseliesl von der Rampe.*

Nikolaus: Von draußt vom Walde komm ich her, ääh …

Frau Blaß: *leise* … Schuhe …

Nikolaus: I woaß scho … ah, ich kann euch sagen, es weihnachtet sehr. Ich komme gerade von der Juwenta-Schuhfabrik, von denen habe ich auch meine schönen Juwenta-Allwetterschuhe, ohne die der St. Nikolaus schon längst einen Schnupfen hätte, und ich habe hier auch was Feines mitgebracht, für alle braven Basarkinder. Ihr wart doch immer brav, oder?

Kinder: Jaa!!

Frau Blaß: Bei Uschis Basar sind nur brave Kinder, Herr Nikolaus.

Nikolaus: Ah ja, natürlich. Habt ihr euch auch alle was Feines zu Weihnachten gewünscht?

Kinder: Jaa!!

Nikolaus: Was Feines zum Anziehn?!

Kinder: Jaaa!!!

Nikolaus: Ja, das freut den Nikolaus. Ja, dann wollen wir doch mal in mein goldenes Buch schauen, was da so alles drinsteht. – Ist die kleine Carmen Hasenböck, ist die da? *Ein zaghaftes Ja.* Oh, oh, oh, ja was muß ich denn da lesen? Sie ist faul, macht keine Hausaufgaben und widerspricht ständig ihrer Mutter. *Kindergelächter.* In der Schule kommt sie auch nur ...

Frau Hasenböck: Also, das ist doch wohl der Gipfel an Unverschämtheit. So eine Frechheit ...

Frau Blaß: Aber Frau Konsul, das war doch ...

Frau Hasenböck: Carmen! Olaf! Kommt, wir gehen!

Frau Blaß: Frau Konsul, darf ich das Mißverständnis auf...

Frau Hasenböck: So eine Geschmacklosigkeit ist mir in meinem Leben noch nie untergekommen ... *Zieht ihre beiden Kinder an.*

Frau Blaß: Aber, Frau Konsul, den Nikolauszettel hat mir doch Ihr Mann persönlich ...

Frau Hasenböck: Mein Mann, dieses Rindvieh, was weiß denn der – wo unsre Carmen so ein Sensibelchen ist. Carmen, Olaf, los, wir gehn!

Frau Blaß *zum Nikolaus:* Sie Vollidiot, das wird ein gerichtliches Nachspiel haben!

Nikolaus: Ja, aber ...

Frau Blaß: Sie Rindvieh, diese Frau kann mich

fertigmachen mit ihren Connections. Sie entschuldigen sich sofort auf der Stelle! Bei Frau Konsul und beim Kind. Sonst zeig ich Sie an wegen Geschäftsschädigung, Sie Depp! *Geht in Richtung Frau Hasenböck, die bereits aufgestanden ist.*

Nikolaus: Ah, gnä' Frau, ah, Kind, ah, du, der Nikolaus, der hat was übersehn, so was passiert auch amal am Nikolaus, ah, gnä' Frau, bittschön entschuldigen S' ...

Frau Hasenböck: Ja, aber, Sie sehn doch selbst, das Kind ist doch so sensibel.

Nikolaus: Ja, äh, nein, bittschön, äh, wie soll ich, äh ... *Frau Hasenböck setzt sich wieder.*

Frau Blaß *ruft dem Nikolaus zu:* Musik, Ihr Lied – und Bescherung!

Nikolaus: Ja, aber die anderen Zettel ...

Frau Blaß: Ihr Lied, los, machen Sie endlich. Liebe Kinder, ihr müßt wissen, der Niklaus hat auch ein Lied dabei ...

Nikolaus: Ja, also, ihr habt's gehört, liebe Kinder, ah, also, der Nikolaus hat euch da ein Lied mitgebracht, für alle Basarkinder, des is zum Mitsingen, paßts schön auf, ich sing's euch derweil amal vor, und die, die's dann schon können, die dürfen gleich mitsingen, und dann singen mir alle des Lied mitanander, gell ...

Frau Blaß: Und der Sankt Nikolaus verteilt dabei die Gaben! Gell, Herr Nikolaus?!

Nikolaus: Ja genau, dann schaun mir nach, was in dem Sack da drin is. Also, jetz tuts alle schön mitsingen. *Singt:*

Am Himmel blinkt ein heller Stern,
Der frohe Tag ist nicht mehr fern,
Das Weihnachtsfest wird wunderbar
Mit Kindermoden aus Uschis Basar.

So, und jetzt singen mir alle schön mit ...

Heinz Erhardt

Feste

Der Karpfen kocht, der Truthahn brät,
man sitzt im engsten Kreise
und singt vereint den ersten Vers
manch wohlvertrauter Weise.
Zum Beispiel „O du fröhliche",
vom „Baum mit grünen Blättern" –
und aus so manchem Augenpaar
sieht man die Träne klettern.
Die Traurigkeit am Weihnachtsbaum
ist völlig unverständlich:
Man sollte lachen, fröhlich sein,
denn ER erschien doch endlich!

Zu *Ostern* – da wird jubiliert,
manch buntes Ei erworben!
Da lacht man gern – dabei ist ER
erst vorgestern gestorben …

Arno Surminski

Unheiliger Abend

Während der Pfarrer die Weihnachtsgeschichte las, trat der Küster zu den beiden Alten.

Bei Ihnen zu Hause brennt es, flüsterte er.

Hast du vergessen, die Kerzen auszupusten? raunzte der Mann die neben ihm sitzende Frau an.

Wieso ich? Du pustest doch immer die Kerzen aus.

Sie warteten auf das Ende der Weihnachtsgeschichte, dann erhoben sie sich und verließen das Gotteshaus.

Ihr Nachbar hat angerufen! rief ihnen der Küster nach.

Der hätte lieber die Feuerwehr anrufen sollen, antwortete der Mann.

Schöne Bescherung, jammerte die Frau, als sie durch die Nacht eilten, die die Heilige genannt wurde. Sie dachte für sich, an Weihnachten sollte es eigentlich nicht brennen, so etwas durfte Gott nicht zulassen.

Da wird nichts zu retten sein, brummelte der Mann.

Du hättest ein Taxi bestellen sollen, antwortete die Frau. Aber dafür war dir das Geld zu schade. Lieber lässt du das Haus abbrennen.

Ihm fiel die Herdplatte ein.

Weißt du noch, was vor einem Jahr passiert ist? Du hattest den Herd nicht ausgeschaltet.

Von der glühenden Platte sprang das Feuer zu den Topflappen. Wäre ich nicht zufällig in die Küche gekommen, hätte das Haus schon damals in Flammen gestanden.

Und deine Zigarren, schimpfte die Frau. Der Stumpen qualmte die ganze Nacht und brannte ein Loch in die Tischdecke.

Als sie um die Ecke bogen, sahen sie das Rotlicht der Feuerwehrwagen und die blauen Signale eines Polizeiautos.

Früher hast du sogar im Bett geraucht, fing die Frau wieder an. Wäre ich nicht wach geworden, hätte es uns beide umgebracht.

Was du immer redest, knurrte er. Das ist vierzig Jahre her, wir waren jung verheiratet und haben gelacht über ein paar Brandlöcher im Kopfkissen. Ich hab das Zeug in die Mülltonne geworfen, und wir beide sind noch einmal ins Bett gegangen.

Auf der Straße hatte sich eine Menschenmenge versammelt. Der Nachbar, der in der Kirche angerufen hatte, kam ihnen entgegengelaufen.

Alles ist unter Kontrolle! rief er. Aber ihre Wohnung steht unter Wasser!

Aus den Fenstern quoll ein Gemisch von Rauch und Wasserdampf, feuchte Wärme schlug ihnen entgegen.

Na siehst du, es war nicht die Küche, sondern das Wohnzimmer, sagte die Frau. Entweder die Weihnachtskerzen oder deine Zigarre.

164

Der Mann wollte ins Haus stürmen, aber ein Polizist hielt ihn zurück, es sei zu gefährlich.

Wohnen Sie hier? fragte ein Feuerwehrmann.

Als wir in die Kirche gingen, wohnten wir noch hier, klagte die Frau. Nun ist alles hinüber.

War wohl eine unglückliche Verkettung von Umständen, meinte der Feuerwehrmann. Wir denken an Feuerwerkskörper.

Unmöglich, sagte die Frau. So was haben wir nicht.

Eine Rakete könnte über die Brüstung geflogen und auf dem Balkon gelandet sein.

Die Knallerei sollte verboten werden! schimpfte der Mann. Schon am Weihnachtstag fangen sie mit ihren Silvesterraketen an.

Der Feuerwerkskörper muss in eine Tüte mit Altpapier gefallen sein, vermutete der Mann von der Feuerwehr.

Warum hast du das Papier nicht zum Container gebracht? fragte die Frau. Wer lässt über Weihnachten eine Tüte mit Altpapier auf dem Balkon stehen?

Der Container war voll, entschuldigte sich der Mann.

Die brennende Tüte wäre nicht schlimm gewesen, sagte der Feuerwehrmann. Aber das Wohnzimmerfenster stand auf Kipp, aus der brennenden Altpapiertüte kam das Feuer durch den offenen Spalt im Fenster in die Wohnung.

Du mit deiner Frischluft! schimpfte der Mann. Wie kann man ein Fenster auf Kipp stellen, wenn wir in die Kirche gehen?

Der Feuerwehrmann erwähnte noch die Gardine. Als das Feuer die erfasst hatte, gab es kein Halten mehr.

Der Nachbar forderte die beiden Alten auf, zu ihm zu kommen.

Wir haben Platz genug, Sie können heute die Nacht bei uns verbringen.

Bevor sie ihm folgten, standen sie noch eine Weile vor dem räuchernden Anwesen.

Schöne Bescherung, seufzte die Frau.

Man kann nicht mal in die Kirche gehen, schon passiert was, grummelte der Mann.

Mit dem Nachbarn saßen sie noch eine Weile unterm Tannenbaum und sprachen über die unglückliche Verkettung der Umstände. Weihnachtsstimmung wollte nicht aufkommen.

Vor dem Schlafengehen verließ der alte Mann das Haus, kroch unter der Absperrung durch, stieß die angelehnte Tür auf und betrat die Küche. Der Herd funktionierte noch, keine Topflappen waren angebrannt. Schuld allein hatten die Frischluft und die Gardinen. Weiter nichts.

Manfred Degen

Weihnachtsbaden

Die Weihnachtszeit könnte so schön sein. Die Familie sitzt harmonisch daheim im urgemütlichen Wohnzimmer, zündet eine Kerze an, alle nippen an ihrem perlenden Champagner, mundgerüttelt von französischen Mönchen, aus edlen Gläsern, fußgeblasen von korsischen Bergbauern, und knabbern an Lebkuchen, handgebacken von anthroposophischen Lehrersgattinnen. Dabei plaudern wir ein wenig über unseren Herzenswunsch, dass endlich Mitmenschlichkeit die soziale Eiseskälte besiegen möge.

Tags darauf streben wir dann Richtung Gotteshaus, um uns in das warme Endorphinbad des Weihnachtsoratoriums fallen zu lassen. Und wenn das „Jauchzet, frohlocket!" mit Pauken und Trompeten durch die Friesen-Kathedrale donnert, klingeln allen die Ohren vor Glück.

Doch so ist es nicht. Seien wir doch ehrlich, die Weihnachtstage sind verkommen zum schmalzigsten Musikantenstadl im Jahreskalender.

Ich habe nichts gegen Rituale. Sie wirken wie Korsettstangen im grauen Alltag des Lebens. Rituale weisen den Kurs – quasi wie Priggen dem Segler im Wattenmeer. Aber manche

Weihnachtsrituale sind heute aus dem Ruder gelaufen, etwa diese Herumschenkerei, aktiv wie passiv.

Wenn ich am Heiligen Abend so ein sperriges Geschenkpaket überreicht bekomme, muss ich immer voll überrascht tun, obwohl ich auf meiner Kreditkartenabrechnung das drohende Unheil längst habe hereinbrechen sehen. Trotzdem soll ich Freude heucheln und beim Auspacken die widerstandsfähigsten Knoten entwirren. Und anschließend wird erwartet, dass ich der Schenkenden etwas derart Liebes hinsäusele, dass sich ihr die Augen einnässen. Doch die böse Wahrheit lautet: Neunzig Prozent aller Weihnachtsgeschenke floppen.

Damit der weihnachtliche Geschenkemüll, der in irgendwelchen chinesischen Kinderfabriken zusammengetackert worden ist, auch in Zukunft termingerecht in Containern nach Europa geschickt werden kann, müssen vor Hamburg Naturschutzgebiete zubetoniert werden, weil sonst nicht genügend Kaifläche für die Entladung des Plunders zur Verfügung steht.

Was wir jedes Jahr an intellektuellen Ressourcen vergeuden, weil wir Weihnachtsüberraschungen ausbrüten, ist unentschuldbar. Dieselbe Menge Gehirnschmalz würde, in Ingenieursleistungen umgerechnet, für mindestens drei Nobelpreise reichen.

Oma und Opa, unverdorben von derlei Auswüchsen, stecken ihren Enkelkindern einfach

Bargeld zu. Früher wurden sie dafür mit einem Blockflötenkonzert bestraft. Heute revanchiert die Erbengeneration sich, indem sie Oma eine E-Mail-Adresse einrichtet und für Opa fix die Erotikkanäle im Bezahlfernsehen entschlüsselt.

Nebenbei noch ein Wort zum absoluten Getränkerenner dieser Tage, dem Glühwein, einem benebelnden Medium, das die Feiertage immer wieder in Schieflage bringt. Ich empfehle eigene Herstellung, und zwar so: Rote Weinabfälle von einer Qualität, dass sie eigentlich in den Kavernen Gorlebens endgelagert werden müssten, werden mit Rübenrohzucker versetzt und per Tauchsieder zu einem nordischen Heißgetränk verschnitten, das jeden Konsumenten unweigerlich in rasende Kopfschmerzen treibt. Würde Glühwein geächtet, womöglich sogar verboten, die statistische Lebenserwartung schnellte blitzartig um zwei, drei Jahre in die Höhe.

Was für Leber und Kopf der Glühwein ist, stellt für die Augen aller Sylter das Weihnachtsbaden in der Nordsee dar. Nur anderthalb Stunden, nachdem die Familie sich um die knusprig gebratenen Gänsekeulen gezankt hat, stehen alle am Zentralstrand, um sich die von der Westerländer Kurverwaltung inszenierte Cellulitis-Leistungsshow anzutun, quasi die Ausstellung „Körperwelten" auf Betriebsausflug! Ich habe mich immer gewundert, dass die Teilnehmerzahl über die Jahre ständig wuchs. Jetzt kam heraus, dass der Interessenverband Deutsche Exhibitionisten das Westerländer Weihnachtsschwimmen heimlich für seine Jahreshauptversammlung nutzt.

Und dann Silvester – ich hasse diese Zwangsfeste. Dabei hatten die klugen Kalendermacher den Jahreswechsel absichtsvoll in die tiefe Nacht verlegt, damit es keiner merken möge. Gute Idee. Doch was ist passiert? Irgendein Depp hat es gepeilt und allen anderen erzählt. Ergebnis: Jetzt müssen wir feiern, ob wir wollen oder nicht.

Spätabends brechen wir, eine Plastiktüte mit quietschsaurem Sekt im Schlepptau, auf in Richtung Promenade, um dort das neue Jahr zu begrüßen und wildfremde Personen abzuknutschen. Und wenn es ganz dumm läuft, dann dürfen wir auch noch mit einem explodierenden Knallfrosch tanzen.

Schuld an der verfahrenen Situation ist übrigens mal wieder die Politik. Besser wäre es gewesen, wenn man statt des Bußtags Weihnachten als Feiertag geknickt hätte. Für mich war der Bußtag immer der schönste Tag im Jahr. Mensch, was habe ich gebüßt! Eingeknickt wie ein ausgeleierter Zollstock bin ich demütig unter den Teppich gekrochen, habe vor reuiger Wut über meine charakterlichen Mängel in die Fußleiste gebissen, habe gezagt und gezweifelt. Für mich gab es nichts Schöneres, als den Bußtag mit einer anständigen therapieresistenten Depression ausklingen zu lassen. Das hatte noch Art.

Selbstverständlich könnte man sich auch zum Bußtag, fiele Weihnachten weg, Geschenke überreichen. Allerdings dem Anlass und der Würde des Tages entsprechend. Meine Frau ist da sehr talentiert. Sie würde mich – und dabei lächelte sie diabolisch – mit einem Jahresabo fürs Fitness-Studio überraschen. Mit Yogakurs. Quasi Buße im Schweiße der anderen.

Hans Scheibner

Hänsel und Gretel im 21. Jahrhundert

Ein Weihnachtsmärchen

Es war einmal, aber nein – es geschah doch gerade erst dieses Weihnachten. Hänsel und Gretel gingen durch den finsteren Wald. Sie suchten nach einem Lebkuchenhaus. Der kleine Hänsel zog seine größere Schwester an der Schürze und rief: „Gretel, bleib mal stehen. Ich glaub, es riecht schon nach Kuchen."

„Das glaube ich nie", sagte Gretel. „Ein Kuchenhäuschen im Wald. Das müsste doch nach dem ersten Regen aufweichen. Außerdem brauche ich eine Pause. Komm, wir setzen uns auf einen Baumstamm und ruhen uns aus."

Hänsel setzte sich gehorsam neben seine Schwester.

„Ach, Gretel", sagte Hänsel, „warum schickt uns unsere Mutter immer wieder in den Wald? Ich glaube, sie will uns loswerden."

„Adrian", seufzte Gretel.

„Wie bitte?"

„Adrian ist der Grund."

„Ach, Adrian, der dicke Gärtner, der bei uns immer den Rasen mäht?"

„Ist dir überhaupt noch nicht aufgefallen, Hänsel: Immer wenn Daddy auf Reisen ist, kommt der dicke Gärtner an – weil er angeblich den Garten machen muss. Dabei schmust er immer mit unserer Mutter auf dem Sofa."

Hänsel wurde ganz unruhig: „Ja, das stimmt", rief er. „Das müssen wir unbedingt Papa sagen, wenn er nach Hause kommt: Mama macht Bumm-Bumm mit dem Gärtner!"

„Das heißt Bumsen oder Poppen", sagte Gretel.

„Ja, ja, das müssen wir aber doch Papa sagen, dass Mama mit dem Gärtner... wie heißt das?"

„Bumsen oder Poppen oder Vögeln."

„Ach so", sagte Hänsel. „Ist das alles dasselbe?"

„Sei ruhig, Hänsel. Das verstehst du noch nicht. Dazu bist du noch zu klein."

„Ja aber wir müssen es doch Papa sagen, dass Mama mit dem Gärtner... äh ... wie heißt das?"

„Hör auf zu fragen", sagte Gretel. „Außerdem macht Papa das ja auch selber."

„Waas?", fragte Hänsel. „Papa vögelt mit dem Gärtner?!"

„Doch nicht mit dem Gärtner, du Dummkopf. Mit seiner Frau Müller, seiner Sekretärin. Ich habe selber gesehen, wie sie sich geküsst haben im Auto. Wenn du mich fragst: Bestimmt lassen sich unsere Eltern bald scheiden."

Hänsel strahlte übers ganze Gesicht: „Gibt es dann eine Scheidungsfeier?", fragte er.

„Unsinn", sagte Gretel. „Scheidungen werden nicht gefeiert! Die Eltern von meiner Freundin

Vanessa haben sich auch scheiden lassen. Jetzt hat Vanessa sogar zwei Väter: den richtigen und den neuen Freund von ihrer Mutter."

„Das ist ja wie bei meinem Freund Siggi", lachte Hänsel. „Aber Siggi hat jetzt zwei Mütter: die neue Freundin von seinem Papa und seine richtige Mutter. Aber die besuchen sie immer nur in der Nervenanstalt!"

„Das heißt Nervenheilanstalt! Klapsmühle. Wahrscheinlich ist sie wegen der Scheidung verrückt geworden. Aber meine Freundin Jana – die kennst du doch – die hat jetzt einen halben Bruder. Also ihr Vater ist ein anderer als der Vater von Freddy, ihrem Bruder."

„Und welcher Vater ist bei der Mutter?"

„Der andere", sagte Gretel.

Ein Rehlein guckte aus dem Gebüsch und hörte dem munteren Gespräch der Kinder zu. „Jana besucht ihren Papa immer bei ihrer halben Schwester, also die ist das Kind von der neuen Freundin ihres richtigen Vaters."

Hänsel musste nachdenken. Dann sagte er: „Leon hat gesagt, sein Vater ist plötzlich eine Frau geworden. Jetzt hat er sich in einen Mann verliebt. Und die wollen jetzt auch ein Kind haben."

Das wusste Gretel nun aber besser: „Zwei Männer können kein Kind kriegen. Eine Frau braucht einen Mann, nur dann kann sie ein Kind kriegen!"

Das Rehlein lächelte ein bisschen vor sich hin.

Aber Hänsel protestierte: „Das geht auch ohne den Mann! Heidi aus dem Kindergarten hat uns das erzählt: Maria hat ein Kind gekriegt, den Jesus – aber der Joseph ist nicht der Vater. Der steht immer nur bei Ochs und Esel und muss die Krippe sauber machen. Der Vater von Jesus ist ein Gespenst oder … nein, warte mal: ein Geist irgendwie, und als Maria ihn gekriegt hat – das hat gar nicht wehgetan!"

„Ach so", sagte Gretel, denn sie wusste Bescheid: „Dann war das eine künstliche Befruchtung. Aber unsere Eltern sind ganz normal!"

„Ja", sagte Hänsel freudig, „Papa haut Mama ja auch nur einmal in der Woche."

Das Rehlein zog sich zurück. Aber Hänsel hatte etwas entdeckt: „Guck mal dahinten, Gretel", rief er. „Siehst du das gelbe Licht? Das ist bestimmt das Lebkuchenhaus."

Gretel war aufgesprungen und zum nächsten Baum gelaufen. „Das wird ein Wegweiser sein!", rief sie. „Hier steht etwas angeschrieben!"

„Steht da: knusper, knasper, knäuschen?", fragte Hänsel ganz ungeduldig.

„Nee", sagte Gretel und las es ihm vor. „Da steht: BigMac mit Doppel-Pommes nur 1,95 Euro!"

Hänsel hüpfte vor Freude: „Oh, ich will so einen BigMac!"

„Kommt überhaupt nicht infrage!", sagte Gretel. „Aus dem Kuchenhäuschen ist jetzt McDonald's geworden."

„Oh, wie schön", rief Hänsel. „Und wo ist die Hexe geblieben, die immer die kleinen Kinder fett macht?"

„Die ist immer noch da", sagte Gretel. „Und macht immer noch die kleinen Kinder fett. Darum kommst du jetzt sofort mit nach Hause!"

„Nein", quengelte Hänsel. „Ich will zu McDonald's. Wir finden ja auch gar nicht den Weg nach Hause. Ich habe doch die Brotkrumen gestreut. Und die haben jetzt die Vögel gefressen!"

„Ach, du kleiner dummer Junge", lachte Gretel. „Ich habe doch Mamas iPhone mit dem Navi mitgenommen." Sie gab flink ihre Adresse ein, wartete kurz auf das GPS-Signal, dann marschierten sie los und fanden auf dem kürzesten Wege und ganz sicher aus dem Wald nach Hause zurück.

Denn die guten alten Weihnachtsmärchen sind auch nicht mehr das, was sie mal waren.

Der Weihnachtsbaum

Es treibt der Wind im Winterwalde
Der Flockenherde wie ein Hirt,
Und manche Tanne ahnt, wie balde
Sie fromm und lichterheilig wird,
Und lauscht hinaus. Den weißen Wegen
Streckt sie die Zweige hin – bereit,
Und wehrt dem Wind und wächst entgegen
Der einen Nacht der Herrlichkeit.

Rainer Maria Rilke

Der Anblick eines geschmückten Weihnachtsbaumes muss den heitersten Mann düster stimmen.
Jacques Tati

Die angenehmsten Festgäste sind diejenigen, die wegen Glatteis absagen.
Heinz Rühmann

Weihnachtszeit! Wer spricht vom Siegen? Überstehen ist alles!
Rainer Maria Rilke

Die meisten Leute feiern Weihnachten, weil die meisten Leute Weihnachten feiern.
Kurt Tucholsky

Joachim Ringelnatz

Einsiedlers Heiliger Abend

Ich hab' in den Weihnachtstagen –
Ich weiß auch, warum –
Mir selbst einen Christbaum geschlagen,
Der ist ganz verkrüppelt und krumm.

Ich bohrte ein Loch in die Diele
Und steckte ihn da hinein
Und stellte rings um ihn viele
Flaschen Burgunderwein.

Und zierte, um Baumschmuck und Lichter
Zu sparen, ihn abends noch spät
Mit Löffeln, Gabeln und Trichter
Und anderem blanken Gerät.

Ich kochte zur heiligen Stunde
Mir Erbsensuppe mit Speck
Und gab meinem fröhlichen Hunde
Gulasch und litt seinen Dreck.

Und sang aus burgundernder Kehle
Das Pfannenflickerlied.
Und pries mit bewundernder Seele
Alles das, was ich mied.

Es glimmte petroleumbetrunken
Später der Lampendocht.
Ich saß in Gedanken versunken.
Da hat's an die Türe gepocht,

Und pochte wieder und wieder.
Es konnte das Christkind sein.
Und klang's nicht wie Weihnachtslieder?
Ich aber rief nicht: „Herein!"

Ich zog mich aus und ging leise
Zu Bett, ohne Angst, ohne Spott,
Und dankte auf krumme Weise
Lallend dem lieben Gott.

Joachim Ringelnatz

Weihnachten

Liebeläutend zieht durch Kerzenhelle,
mild, wie Wälderduft, die Weihnachtszeit.
Und ein schlichtes Glück streut auf die Schwelle
schöne Blumen der Vergangenheit.

Hand schmiegt sich an Hand im engen Kreise,
und das alte Lied von Gott und Christ
bebt durch Seelen und verkündet leise,
dass die kleinste Welt die größte ist.

Heinrich Böll

Nicht nur zur Weihnachtszeit

I

In unserer Verwandtschaft machen sich Verfalls-
erscheinungen bemerkbar, die man eine Zeit-
lang stillschweigend zu übergehen sich bemühte, deren Gefahr ins Auge zu blicken man nun
aber entschlossen ist. Noch wage ich nicht, das
Wort Zusammenbruch anzuwenden, aber die
beunruhigenden Tatsachen häufen sich derart,
dass sie eine Gefahr bedeuten und mich zwingen, von Dingen zu berichten, die den Ohren der
Zeitgenossen zwar befremdlich klingen werden,
deren Realität aber niemand bestreiten kann.
Schimmelpilze der Zersetzung haben sich unter
der ebenso dicken wie harten Kruste der Anstän-
digkeit eingenistet, Kolonien tödlicher Schma-
rotzer, die das Ende der Unbescholtenheit einer
ganzen Sippe ankündigen. Heute müssen wir es
bedauern, die Stimme unseres Vetters Franz
überhört zu haben, der schon früh begann, auf
die schrecklichen Folgen aufmerksam zu
machen, die ein „an sich" harmloses Ereignis
haben werde. Dieses Ereignis selbst war so
geringfügig, dass uns das Ausmaß der Folgen
nun erschreckt. Franz hat schon früh gewarnt.
Leider genoss er zu wenig Reputation. Er hat
einen Beruf erwählt, der in unserer gesamten
Verwandtschaft bisher nicht vorgekommen ist,

auch nicht hätte vorkommen dürfen: er ist Boxer geworden. Schon in seiner Jugend schwermütig und von einer Frömmigkeit, die immer als „inbrünstiges Getue" bezeichnet wurde, ging er früh auf Bahnen, die meinem Onkel Franz – diesem herzensguten Menschen – Kummer bereiteten. Er liebte es, sich der Schulpflicht in einem Ausmaß zu entziehen, das nicht mehr als normal bezeichnet werden kann. Er traf sich mit fragwürdigen Kumpanen in abgelegenen Parks und dichten Gebüschen vorstädtischen Charakters. Dort übten sie die harten Regeln des Faustkampfes, ohne sich bekümmert darum zu zeigen, dass das humanistische Erbe vernachlässigt wurde. Diese Burschen zeigten schon früh die Untugenden ihrer Generation, von der sich ja inzwischen herausgestellt hat, dass sie nichts taugt. Die erregenden Geisteskämpfe früherer Jahrhunderte interessierten sie nicht, zu sehr waren sie mit den fragwürdigen Aufregungen ihres eigenen Jahrhunderts beschäftigt. Zunächst schien mir, Franzens Frömmigkeit stehe im Gegensatz zu diesen regelmäßigen Übungen in passiver und aktiver Brutalität. Doch heute beginne ich manches zu ahnen. Ich werde darauf zurückkommen müssen.

Franz also war es, der schon frühzeitig warnte, der sich von der Teilnahme an gewissen Feiern ausschloss, das Ganze als Getue und Unfug bezeichnete, sich vor allem später weigerte, an Maßnahmen teilzunehmen, die zur

Erhaltung dessen, was er Unfug nannte, sich als erforderlich erwiesen. Doch – wie gesagt – besaß er zu wenig Reputation, um in der Verwandtschaft Gehör zu finden.

Jetzt allerdings sind die Dinge in einer Weise ins Kraut geschossen, dass wir ratlos dastehen, nicht wissend, wie wir ihnen Einhalt gebieten sollen.

Franz ist längst ein berühmter Faustkämpfer geworden, doch weist er heute das Lob, das ihm in der Familie gespendet wird, mit derselben Gleichgültigkeit zurück, mit der er sich damals jede Kritik verbat.

Sein Bruder aber – mein Vetter Johannes –, ein Mensch, für den ich jederzeit meine Hand ins Feuer gelegt hätte, dieser erfolgreiche Rechtsanwalt, Lieblingssohn meines Onkels – Johannes soll sich der kommunistischen Partei genähert haben, ein Gerücht, das zu glauben ich mich hartnäckig weigere. Meine Cousine Lucie, bisher eine normale Frau, soll sich nächtlicherweise in anrüchigen Lokalen, von ihrem hilflosen Gatten begleitet, Tänzen hingeben, für die ich kein anderes Beiwort als existenzialistisch finden kann, Onkel Franz selbst, dieser herzensgute Mensch, soll geäußert haben, er sei lebensmüde, er, der in der gesamten Verwandtschaft als ein Muster an Vitalität galt und als ein Vorbild dessen, was man uns einen christlichen Kaufmann zu nennen gelehrt hat.

Arztrechnungen häufen sich, Psychiater, Seclentestler werden einberufen. Einzig meine Tante Milla, die als Urheberin all dieser Erscheinungen bezeichnet werden muss, erfreut sich bester Gesundheit, lächelt, ist wohl und heiter, wie sie es fast immer war. Ihre Frische und Munterkeit beginnen jetzt langsam uns aufzuregen, nachdem uns ihr Wohlergehen lange Zeit so sehr am Herzen lag. Denn es gab eine Krise in ihrem Leben, die bedenklich zu werden drohte. Gerade darauf muss ich näher eingehen.

II

Es ist einfach, rückwirkend den Herd einer beunruhigenden Entwicklung auszumachen – und merkwürdig, erst jetzt, wo ich es nüchtern betrachte, kommen mir die Dinge, die sich seit fast zwei Jahren bei unseren Verwandten begeben, außergewöhnlich vor. Wir hätten früher auf die Idee kommen können, es stimme etwas nicht. Tatsächlich, es stimmt etwas nicht, und wenn überhaupt irgendetwas gestimmt hat – ich zweifle daran –, hier gehen Dinge vor sich, die mich mit Entsetzen erfüllen.

Tante Milla war in der ganzen Familie von jeher wegen ihrer Vorliebe für die Ausschmückung des Weihnachtsbaumes bekannt, eine harmlose, wenn auch spezielle Schwäche, die in unserem Vaterland ziemlich verbreitet ist. Ihre Schwäche wurde allgemein belächelt, und der Widerstand, den Franz von frühester Jugend an gegen diesen „Rummel" an den Tag legte, war immer Gegenstand heftigster Entrüstung, zumal Franz ja sowieso eine beunruhigende Erscheinung war. Er weigerte sich, an der Ausschmückung des Baumes teilzunehmen. Das alles verlief bis zu einem gewissen Zeitpunkt normal. Meine Tante hatte sich daran gewöhnt, dass Franz den Vorbereitungen in der Adventszeit fernblieb, auch der eigentlichen Feier, und erst zum Essen erschien. Man sprach nicht einmal mehr darüber.

Auf die Gefahr hin, mich unbeliebt zu machen, muss ich hier eine Tatsache erwähnen, zu deren Verteidigung ich nur sagen kann, dass sie wirklich eine ist. In den Jahren 1939 bis 1945 hatten wir Krieg. Im Krieg wird gesungen, geschossen, geredet, gekämpft, gehungert und gestorben – und es werden Bomben geschmissen – lauter unerfreuliche Dinge, mit deren Erwähnung ich meine Zeitgenossen in keiner Weise langweilen will. Ich muss sie nur erwähnen, weil der Krieg Einfluss auf die Geschichte hatte, die ich erzählen will. Denn der Krieg wurde von meiner Tante Milla nur registriert als eine Macht, die schon Weihnachten 1939 anfing, ihren Weihnachtsbaum zu gefährden. Allerdings war ihr Weihnachtsbaum von einer besonderen Sensibilität.

Die Hauptattraktion am Weihnachtsbaum meiner Tante Milla waren gläserne Zwerge, die in ihren hocherhobenen Armen einen Korkhammer hielten und zu deren Füßen glockenförmige Ambosse hingen. Unter den Fußsohlen der Zwerge waren Kerzen befestigt, und wenn ein gewisser Wärmegrad erreicht war, geriet ein verborgener Mechanismus in Bewegung, eine hektische Unruhe teilte sich den Zwergenarmen mit, sie schlugen wie irr mit ihren Korkhämmern auf die glockenförmigen Ambosse und riefen so, ein Dutzend an der Zahl, ein konzertantes, elfenhaft feines Gebimmel hervor. Und an der Spitze des Tannenbaumes hing ein silbrig gekleideter, rotwangiger Engel, der in bestimmten Abständen seine Lippen voneinander hob und „Frieden" flüsterte. „Frieden". Das mechanische Geheimnis dieses Engels ist, konsequent gehütet, mir später erst bekannt geworden, obwohl ich damals fast wöchentlich Gelegenheit hatte, ihn zu bewundern. Außerdem gab es am Tannenbaum meiner Tante natürlich Zuckerkringel, Gebäck, Engelhaar, Marzipanfiguren und – nicht zu vergessen – Lametta, und ich weiß noch, dass die sachgemäße Anbringung des vielfältigen Schmuckes erhebliche Mühe kostete, die Beteiligung aller erforderte und die ganze Familie am Weihnachtsabend vor Nervosität keinen Appetit hatte, die Stimmung dann – wie man so sagt – einfach grässlich war, ausgenommen bei meinem Vetter Franz, der an diesen Vorbereitungen ja nicht teilgenommen hatte und sich als einziger Braten und Spargel, Sahne und Eis schmecken ließ. Kamen wir dann am zweiten Weihnachtstag zu Besuch und wagten die kühne Vermutung, das Geheimnis des sprechenden Engels beruhe auf dem gleichen Mechanismus, der gewisse Puppen veranlasst, „Mama" oder „Papa" zu sagen, so ernteten wir nur höhnisches Gelächter.

Nun wird man sich denken können, dass in der Nähe fallende Bomben einen solch sensiblen Baum aufs höchste gefährdeten. Es kam zu schrecklichen Szenen, wenn die Zwerge vom Baum gefallen waren, einmal stürzte sogar der Engel. Meine Tante war untröstlich. Sie gab sich unendliche Mühe, nach jedem Luftangriff den Baum komplett wiederherzustellen, ihn wenigstens während der Weihnachtstage zu erhalten. Aber schon im Jahre 1940 war nicht mehr daran zu denken. Wieder auf die Gefahr hin, mich sehr unbeliebt zu machen, muss ich hier kurz erwähnen, dass die Zahl der Luftangriffe auf unsere Stadt tatsächlich erheblich war, von ihrer Heftigkeit ganz zu schweigen. Jedenfalls wurde der Weihnachtsbaum meiner Tante ein Opfer – von anderen Opfern zu sprechen, verbietet mir der rote Faden – der modernen Kriegsführung; fremdländische Ballistiker löschten seine Existenz vorübergehend aus.

Wir alle hatten wirklich Mitleid mit unserer Tante, die eine reizende und liebenswürdige Frau war. Es tat uns leid, dass sie nach harten Kämpfen, endlosen Disputen, nach Tränen und Szenen sich bereit erklären musste, für Kriegsdauer auf ihren Baum zu verzichten.

Glücklicherweise – oder soll ich sagen, unglücklicherweise? – war dies fast das einzige, was sie vom Krieg zu spüren bekam. – Der Bunker, den mein Onkel baute, war einfach bombensicher, außerdem stand jederzeit ein Wagen bereit, meine Tante Milla in Gegenden zu entfahren, wo von der unmittelbaren Wirkung des Krieges nichts zu sehen war; es wurde alles getan, um ihr den Anblick der grässlichen Zerstörungen zu ersparen. Meine beiden Vettern hatten das Glück, den Kriegsdienst nicht in seiner härtesten Form zu erleben. Johannes trat schnell in die Firma meines Onkels ein, die in der Gemüseversorgung unserer Stadt eine entscheidende Rolle spielt. Zudem war er gallenleidend. Franz hingegen wurde zwar Soldat, war aber nur mit der Bewachung von Gefangenen betraut, ein Posten, den er zur Gelegenheit nahm, sich auch bei seinen militärischen Vorgesetzten unbeliebt zu machen, indem er Russen und Polen wie Menschen behandelte. Meine Cousine Lucie war damals noch nicht verheiratet und half im Geschäft. Einen Nachmittag in der Woche half sie im freiwilligen Kriegsdienst in einer Hakenkreuzstickerei. Doch will ich hier nicht die politischen Sünden meiner Verwandten aufzählen.

Aufs Ganze gesehen jedenfalls fehlte es weder an Geld noch an Nahrungsmitteln und jeglicher erforderlichen Sicherheit, und meine Tante empfand nur den Verzicht auf ihren Baum als bitter. Mein Onkel Franz, dieser herzensgute Mensch, hat sich fast fünfzig Jahre hindurch erhebliche Verdienste erworben, indem er in tropischen und subtropischen Ländern Apfelsinen und Zitronen aufkaufte und sie gegen einen entsprechenden Aufschlag weiter in den Handel gab. Im Kriege dehnte er sein Geschäft auch auf weniger wertvolles Obst und Gemüse aus. Aber nach dem Kriege kamen die erfreulichen Früchte, denen sein Hauptinteresse galt, als Zitrusfrüchte wieder auf und wurden Gegenstand des schärfsten Interesses aller Käuferschichten. Hier gelang es Onkel Franz, sich wieder maßgebend einzuschalten, und er brachte die Bevölkerung in den Genuss von Vitaminen und sich in den eines ansehnlichen Vermögens.

Aber er war fast siebzig, wollte sich nun zur Ruhe setzen, das Geschäft seinem Schwiegersohn übergeben. Da fand jenes Ereignis statt, das wir damals belächelten, das uns heute aber als Ursache der ganzen unseligen Entwicklung erscheint.

Meine Tante Milla fing wieder mit dem Weihnachtsbaum an. Das war an sich harmlos; sogar die Zähigkeit, mit der sie darauf bestand, dass alles „so sein sollte wie früher", entlockte uns nur ein Lächeln. Zunächst bestand wirklich kein Grund, diese Sache allzu ernst zu nehmen. Zwar hatte der Krieg manches zerstört, das wiederherzustellen mehr Sorge bereitete, aber warum – so sagten wir uns – einer charmanten alten Dame diese kleine Freude nehmen?

Jedermann weiß, wie schwer es war, damals Butter und Speck zu bekommen. Aber sogar für meinen Onkel Franz, der über die besten Beziehungen verfügte, war die Beschaffung von Marzipanfiguren, Schokoladenkringeln und Kerzen im Jahre 1945 unmöglich. Erst im Jahre 1946 konnte alles bereitgestellt werden. Glücklicherweise war noch eine komplette Garnitur von Zwergen und Ambossen sowie ein Engel erhalten geblieben.

Ich entsinne mich des Tages noch gut, an dem wir eingeladen waren. Es war im Januar '47, Kälte herrschte draußen. Aber bei meinem Onkel war es warm, und es herrschte kein Mangel an Essbarem. Und als die Lampen gelöscht, die Kerzen angezündet waren, als die Zwerge anfingen zu hämmern, der Engel „Frieden" flüsterte, „Frieden", fühlte ich mich lebhaft zurückversetzt in eine Zeit, von der ich angenommen hatte, sie sei vorbei.

Immerhin, dieses Erlebnis war, wenn auch überraschend, so doch nicht außergewöhnlich. Außergewöhnlich war, was ich drei Monate später erlebte. Meine Mutter – es war Mitte März geworden – hatte mich hinübergeschickt, nachzuforschen, ob bei Onkel Franz „nichts zu machen" sei. Es ging ihr um Obst. Ich schlenderte in den benachbarten Stadtteil – die Luft war mild, es dämmerte. Ahnungslos schritt ich an bewachsenen Trümmerhalden und verwilderten Parks vorbei, öffnete das Tor zum Garten meines Onkels, als ich plötzlich bestürzt stehen blieb. In der Stille des Abends war sehr deutlich zu hören, dass im Wohnzimmer meines Onkels gesungen wurde. Singen ist eine gute deutsche Sitte, und es gibt viele Frühlingslieder – hier aber hörte ich deutlich:

„holder Knabe im lockigen Haar ..."

Ich muss gestehen, dass ich verwirrt war. Ich ging langsam näher, wartete das Ende des Liedes ab. Die Vorhänge waren zugezogen, ich beugte mich zum Schlüsselloch. In diesem Augenblick drang das Gebimmel der Zwergenglocken an mein Ohr, und ich hörte deutlich das Flüstern des Engels.

Ich hatte nicht den Mut, einzudringen, und ging langsam nach Hause zurück. In der Familie rief mein Bericht allgemeine Belustigung hervor. Aber erst als Franz auftauchte und Näheres berichtete, erfuhren wir, was geschehen war:

Um Mariä Lichtmess herum, zu der Zeit also, wo man in unseren Landen die Christbäume plündert, sie dann auf den Kehricht wirft, wo sie von nichtsnutzigen Kindern aufgegriffen, durch Asche und sonstigen Unrat geschleift und zu mancherlei Spiel verwendet werden, um Lichtmess herum war das Schreckliche geschehen. Als mein Vetter Johannes am Abend des Lichtmesstages, nachdem ein letztes Mal der Baum gebrannt hatte – als Johannes begann, die Zwerge von den Klammern zu lösen, fing meine bis dahin so milde Tante jämmerlich zu schreien an, und zwar so heftig und plötzlich, dass mein Vetter erschrak, die Herrschaft über den leise schwankenden Baum verlor, und schon war es geschehen: es klirrte und klingelte, Zwerge und Glocken, Ambosse und der Spitzenengel, alles stürzte hinunter, und meine Tante schrie.

Sie schrie fast eine Woche lang. Neurologen wurden herbeitelegrafiert, Psychiater kamen in Taxen herangerast – aber alle, auch Kapazitäten, verließen achselzuckend, ein wenig erschreckt auch, das Haus.

Keiner hatte diesem unerfreulich schrillen Konzert ein Ende bereiten können. Nur die stärksten Mittel brachten einige Stunden Ruhe, doch ist die Dosis Luminal, die man einer Sechzigjährigen täglich verabreichen kann, ohne ihr Leben zu gefährden, leider gering. Es ist aber eine Qual, eine aus allen Leibeskräften schreiende Frau im Hause zu haben: schon am zweiten Tage befand sich die Familie in völliger Auflösung. Auch der Zuspruch des Priesters, der am Heiligen Abend der Feier beizuwohnen pflegte, blieb vergeblich: meine Tante schrie.

Franz machte sich besonders unbeliebt, weil er riet, einen regelrechten Exorzismus anzuwenden. Der Pfarrer schalt ihn, die Familie war bestürzt über seine mittelalterlichen Anschauungen, der Ruf seiner Brutalität überwog für einige Wochen seinen Ruf als Faustkämpfer.

Inzwischen wurde alles versucht, meine Tante aus ihrem Zustand zu erlösen. Sie verweigerte die Nahrung, sprach nicht, schlief nicht; man wandte kaltes Wasser an, heiße Fußbäder, Wechselbäder, die Ärzte schlugen in Lexika nach, suchten nach dem Namen dieses Komplexes, fanden ihn nicht. Und meine Tante schrie. Sie schrie so lange, bis mein Onkel Franz – dieser wirklich herzensgute Mensch – auf die Idee kam, einen neuen Tannenbaum aufzustellen.

III

Die Idee war ausgezeichnet, aber sie auszuführen erwies sich als äußerst schwierig. Es war fast Mitte Februar geworden, und es ist verhältnismäßig schwer, um diese Zeit einen diskutablen Tannenbaum auf dem Markt zu finden. Die gesamte Geschäftswelt hat sich längst – mit erfreulicher Schnelligkeit übrigens – auf andere Dinge eingestellt. Karneval ist nahe: Masken und Pistolen, Cowboyhüte und verrückte Kopfbedeckungen für Czardasfürstinnen füllen die Schaufenster, in denen man sonst Engel und Engelhaar, Kerzen und Krippen hat bewundern können. Die Zuckerwarenläden haben längst den Weihnachtskrempel in ihre Lager zurücksortiert, während Knallbonbons nun ihre Fenster zieren. Jedenfalls,

Tannenbäume gibt es um diese Zeit auf dem regulären Markt nicht.

Es wurde schließlich eine Expedition raublustiger Engel mit Taschengeld und einem scharfen Beil ausgerüstet: sie fuhren in den Staatsforst und kamen gegen Abend, offenbar in bester Stimmung, mit einer Edeltanne zurück. Aber inzwischen war festgestellt worden, dass vier Zwerge, sechs glockenförmige Ambosse und der Spitzenengel völlig zerstört waren. Die Marzipanfiguren und das Gebäck waren den gierigen Enkeln zum Opfer gefallen. Auch diese Generation, die dort heranwächst, taugt nichts, und wenn je eine Generation etwas getaugt hat – ich zweifle daran –, so komme ich doch zu der Überzeugung, dass es die Generation unserer Väter war.

Obwohl es an Barmitteln, auch an den nötigen Beziehungen nicht fehlte, dauerte es weitere vier Tage, bis die Ausrüstung komplett war. Währenddessen schrie meine Tante ununterbrochen. Telegramme an die deutschen Spielzeugzentren, die gerade im Aufbau begriffen waren, wurden durch den Äther gejagt, Blitzgespräche geführt, von jungen erhitzten Postgehilfen wurden in der Nacht Expresspakete angebracht, durch Bestechung wurde kurzfristig eine Einfuhrgenehmigung aus der Tschechoslowakei durchgesetzt.

Diese Tage werden in der Chronik der Familie meines Onkels als Tage mit außerordentlich hohem Verbrauch an Kaffee, Zigaretten und Nerven erhalten bleiben. Inzwischen fiel meine Tante zusammen: ihr rundliches Gesicht wurde hart und eckig, der Ausdruck der Milde wich dem einer unnachgiebigen Strenge, sie aß nicht, trank nicht, schrie dauernd, wurde von zwei Krankenschwestern bewacht, und die Dosis Luminal musste täglich erhöht werden.

Franz erzählte uns, dass in der ganzen Familie eine krankhafte Spannung geherrscht habe, als endlich am 12. Februar die Tannenbaumausrüstung wieder vollständig war. Die Kerzen wurden entzündet, die Vorhänge zugezogen, meine Tante wurde aus dem Krankenzimmer herübergebracht, und man hörte unter den Versammelten nur Schluchzen und Kichern. Der Gesichtsausdruck meiner Tante milderte sich schon im Schein der Kerzen, und als deren Wärme den richtigen Grad erreicht hatte, die Glasburschen wie irr zu hämmern anfingen, schließlich auch der Engel „Frieden" flüsterte, „Frieden", ging ein wunderschönes Lächeln über ihr Gesicht, und kurz darauf stimmte die ganze Familie das *O Tannenbaum* an. Um das Bild zu vervollständigen, hatte man auch den Pfarrer eingeladen, der ja üblicherweise den Heiligen Abend bei Onkel Franz zu verbringen pflegte; auch er lächelte, auch er war erleichtert und sang mit.

Was kein Test, kein tiefenpsychologisches Gutachten, kein fachmännisches Aufspüren verborgener Traumata vermocht hatte: das fühlende Herz meines Onkels hatte das Richtige getroffen. Die Tannenbaumtherapie dieses herzensguten Menschen hatte die Situation gerettet.

Meine Tante war beruhigt und fast – so hoffte man damals – geheilt, und nachdem man einige Lieder gesungen, einige Schüsseln Gebäck geleert hatte, war man müde und zog sich zurück, und siehe da: meine Tante schlief ohne jedes Beruhigungsmittel. Die beiden Krankenschwestern wurden entlassen, die Ärzte zuckten die Schultern, alles schien in Ordnung zu sein. Meine Tante aß wieder, trank wieder, war wieder liebenswürdig und milde.

Aber am Abend darauf, als die Dämmerstunde nahte, saß mein Onkel zeitunglesend neben seiner Frau unter dem Baum, als diese plötzlich sanft seinen Arm berührte und zu ihm sagte: „So wollen wir denn die Kinder zur Feier rufen, ich glaube, es ist Zeit." Mein Onkel gestand uns später, dass er erschrak, aber aufstand, um in aller Eile seine Kinder und Enkel zusammenzurufen und einen Boten zum Pfarrer zu schicken. Der Pfarrer erschien, etwas abgehetzt und erstaunt, aber man zündete die Kerzen an, ließ die Zwerge hämmern, den Engel flüstern, man sang, aß Gebäck – und alles schien in Ordnung zu sein. [...]

[In der vollständigen Erzählung feiert die Familie gezwungenermaßen noch über ein Jahr lang weiter, mit nicht wiedergutzumachenden Folgen ...]

Christian Morgenstern

Das Weihnachtsbäumlein

Es war einmal ein Tännelein,
mit braunen Kuchenherzelein
und Glitzergold und Äpflein fein
und vielen bunten Kerzelein.
Das war am Weihnachtsfest so grün,
als fing es eben an zu blühn.

Doch nach nicht gar zu langer Zeit,
da stand's im Garten unten,
und seine ganze Herrlichkeit
war, ach, dahingeschwunden.
Die grünen Nadeln war'n verdorrt,
die Herzlein und die Kerzlein fort.

Bis eines Tags der Gärtner kam,
den fror zu Haus im Dunkeln,
und es in seinen Ofen nahm –
hei! tat's da sprühn und funkeln!
Und flammte heim und himmelwärts
in hundert Flämmlein an Gottes Herz.

Hans Scheibner

Weihnachten antizyklisch

„Warum sind die Weihnachtsbäume eigentlich immer so teuer?", fragt meine Frau. „Und die Preise steigen von Jahr zu Jahr!"

„Das liegt ganz einfach an Weihnachten", sage ich. „Das ist die freie Marktwirtschaft. Angebot und Nachfrage. Nur weil Weihnachten vor der Tür steht, werden die Weihnachtsbäume teurer." „Ja, die Händler nutzen das aus", sagt meine Frau. „Wenn man sich da beschwert, sagen die doch ganz kalt: Dann warten Sie doch bis nach Weihnachten – da sind die Bäume wieder billiger."

„Augenblick mal", sage ich, „warum nehmen wir die nicht beim Wort? Warum können wir nicht Weihnachten einfach mal in unserer Familie um vierzehn Tage verschieben? Meinen Geburtstag feiern wir ja schließlich auch öfter mal eine Woche später, weil ich nicht zu Hause bin. Das hätte doch enorme Vorteile: Am ersten Weihnachtstag liegen die nicht gekauften Tannenbäume nur so auf der Straße herum. Da kosten sie gar nichts mehr. Wir müssen eben schlau und antizyklisch reagieren."

Und überhaupt: Jedes Jahr nach Weihnachten ärgert meine Frau sich über die herabgesetzten Preise. „Guck mal hier", sagt sie dann, „die gleiche lederne Tasche, die wir Raffaela gekauft haben, ist jetzt 100 Euro billiger! So eine Gemeinheit!" – „Ist doch unsere eigene Schuld", sage ich. „Warum haben wir sie vor Weihnachten gekauft? Übrigens: Weihnachtsstollen, Schokoladen-Weihnachtsmänner, Weihnachtspapier, Spekulatius – alles, alles viel günstiger."

„Ja, aber, das bringen wir ja doch nicht fertig", sagt meine Frau. „Erst nach Weihnachten Weihnachten feiern. Alle Freunde und Verwandten feiern Weihnachten, und nur wir sind noch nicht so weit."

„Das müssen wir eben aushalten. Und unsere Freunde auch. Die kriegen dann ihre Geschenke auch erst nach Weihnachten."

„Ach Unsinn", sagt meine Frau, „das ist alles nur graue Theorie. Das schafft sowieso keiner. Gegen diese gewaltige Weihnachtsstimmung, die jedes Jahr hereinbricht, kommt man einfach nicht an. Da kann man nichts machen."

„Na, gut", sage ich, „dann müssen wir eben in Bezug auf Tannenbaumpreise eine andere Strategie anwenden. Sieh es doch mal so: Der Preis eines Tannenbaums hängt auch mit seiner Nutzungsdauer zusammen. Wenn wir den Baum gleich nach Weihnachten wieder auf die Straße werfen, dann stand er ja nur vier Tage. Wenn wir ihn aber zum Beispiel bis zu den Heiligen Drei Königen stehen lassen, dann steht er schon 14 Tage – und wird pro Tag immer billiger."

Und schon fällt uns Tante Milla ein. Die berühmte Tante Milla aus Heinrich Bölls berühmter Weihnachtsgeschichte. Tante Milla wollte sich überhaupt nicht mehr von ihrem Tannenbaum trennen. Bis in den Sommer hinein feierte sie jeden Abend wieder Weihnachten, und der Engel sang dazu von der Christbaumspitze „Friede auf Erden"! Die Familie hat zwar sehr gelitten. Aber umgerechnet auf den Tag kostete der Baum praktisch gar nichts mehr!

Ephraim Kishon

Weihnachtsgedanken eines Israeli

Für ein Land, das sich unglücklicherweise nicht nach dem Slogan „Make Love, not War" richten kann, weil es seit dem Tag seiner Gründung gezwungen ist, Kriege zu führen – für ein solches Land hat das Weihnachtsfest als Symbol des Friedens auf Erden ganz besondere Bedeutung. Wir Israelis beneiden alle, die dieses wunderschöne Fest feiern können. Leider gehören wir nicht zu ihnen, obwohl Jesus der Nazarener eigentlich zu uns gehört.

Was mich persönlich betrifft, so erfolgte meine erste Begegnung mit dem Weihnachtsbaum vor langer Zeit in einem Land des Exils, wo ich auf die Welt gekommen und aufgewachsen bin: in Ungarn. Ich war der einzige jüdische Schüler in meiner Klasse und unternahm verzweifelte Anstrengungen, mich irgendwie ins Weihnachtsfest einzugliedern. Zum Beispiel machte ich mich erbötig, meinen christlichen Mitschülern behilflich zu sein, wenn sie ihre Weihnachtsbäume nach Hause trugen. Die Ablehnung, auf die ich stieß, war typisch für jene Zeit und entsprach zugleich dem stacheligen Charakter des Nadelbaums; sie erfolgte mit den höflichen Worten:

„Bemüh' dich nicht. Ihr Juden habt ja unseren Heiland gekreuzigt."

„Nein", widersprach ich. „Ich nicht. Wirklich nicht."

Auch mein Vater wies diese Anschuldigung, als ich sie zu Hause aufs Tapet brachte, entschieden zurück, und da ich über sein Tun und Lassen ziemlich genau unterrichtet war, sah ich keinen Anlass, an der Wahrheit seiner Worte zu zweifeln. Wenn er in eine Kreuzigung verwickelt gewesen wäre, hätte ich es bestimmt gewusst. Ebenso konnten sich meine sämtlichen Onkel auf Befragen mit einem einwandfreien Alibi ausweisen. Keiner von ihnen hatte jemals mit Pontius Pilatus gesprochen. Aber was half's. Ich musste mich damit abfinden, dass das Weihnachtsfest nichts für mich war, und das kränkte mich tief.

*

Wie jede jüdische Neurose wurde auch diese von mir überwunden – übrigens nicht nur von mir, sondern von allen Juden, die nach Israel einwanderten. Hier, so könnte man sagen, endete die Zusammenarbeit zwischen uns und den übrigen Völkern der Erde, eine Zusammenarbeit von 1948 Jahren Dauer, in deren Verlauf wir an die Welt im Allgemeinen und an die Päpste im Besonderen zahllose Ansuchen gerichtet hatten, unsere Schuld an der Kreuzigung Christi für hinfällig zu erklären oder andernfalls eine haltbare Begründung beizubringen, warum ein so lange zurückliegendes Ereignis den heutigen Juden angelastet werden sollte.

Die Bürger des heutigen Judenstaates wollen jedenfalls nichts mehr davon wissen.

Diese neuartige, von historischen Emotionen völlig freie Einstellung zeigte sich unter anderem darin, dass das erfolgreiche religiöse Musical „Jesus Christ Superstar" in unserem Land verfilmt werden konnte, mit offizieller Unterstützung durch die israelischen Behörden und unter Mitwirkung einer Reihe israelischer Schauspieler. Das ist umso bemerkenswerter, als das genannte musikalische Passionsspiel – eine Mischung aus dem Reich Gottes mit den Rolling Stones – nicht umhinkann, auf jüdische Hühneraugen zu treten, wie es ja auch unmöglich wäre, den Auszug aus Ägypten in Szene zu setzen, ohne die heutigen Nachkommen Pharaos zu verletzen. Einzig der große Regisseur Cecil B. de Mille erregte mit seinem Film „Die Zehn Gebote" nirgends Anstoß. Wir allerdings, die wir auf dem Aufnahmegelände leben, halten uns lieber an das Buch, das der Verfilmung zugrunde liegt.

*

Als ein weiteres Beispiel für den fundamentalen Stimmungswandel, der durch die Existenz des Staates Israel bewirkt wurde, könnte man einen Landarbeiter von einem in der Nähe Nazareths gelegenen Kibbuz heranziehen. Dieser knorrige Bauersmann denkt nicht daran, sich immer wieder für etwas zu entschuldigen, was sich vor nahezu zwei Jahrtausenden auf dem jetzt von ihm beackerten Boden zugetragen hat. Im Gegensatz zu den nervösen, in der Zerstreuung lebenden Juden, die nicht müde werden, in den Hollywood-Fassungen des Neuen Testaments die Möglichkeit antisemitischer Missverständnisse aufzuspüren und anzuprangern, reagiert der in Israel geborene Sabra auf Kunstwerke à la „Superstar" mit heiterer Nachsicht. Denn er empfindet weder sich selbst noch seine Stammesvorfahren als sozusagen weiße Neger, die – sei's auf der Bühne, sei's auf der Filmleinwand – zwecks Schonung ihrer Minderwertigkeitsgefühle nur im vorteilhaftesten Licht gezeigt werden dürfen. Er ist, anders als mein Vater und meine Onkel, mit Vergnügen bereit, für seine jüdische Vergangenheit einzustehen, und zwar auf ungefähr folgender Basis:

„Nun ja, es kann schon sein, dass unsere alten Priester nicht damit einverstanden waren, was dieser großartige junge Rabbi aus Nazareth damals gepredigt hat. Es kann schon sein, dass sie ihn für einen gefährlichen Reformer gehalten und den römischen Gouverneur ersucht haben, strenge disziplinarische Maßnahmen gegen ihn zu ergreifen. Aber das alles war doch eine interne Auseinandersetzung, eine Art jüdische Familienangelegenheit. Wenn Sie wünschen, nehme ich die Schuld daran auf mich. Nur möchte ich Sie bitten, dann wenigstens die anderen Juden endlich in Ruhe zu lassen. Einverstanden?"

Es wäre an der Zeit, dass auch die übrige Welt den Vorfall von diesem Gesichtspunkt aus zu betrachten beginnt. Und das jetzt bevorstehende Weihnachtsfest, das den Staat Israel in der schwersten und einsamsten Stunde seiner Existenz antrifft, wäre vielleicht eine gute Gelegenheit für die Welt, sich darüber klar zu werden, was für den einfachen Kibbuznik aus Nazareth seit jeher außer Zweifel steht: dass nämlich Jesus und alle seine Schüler Juden waren.

Der Schreiber dieser Zeilen glaubt an ein göttliches Prinzip, das im Geheimnis des Kosmos und in den Schöpfungen der Natur waltet. Er bedauert, sich nicht als „religiös" im herkömmlichen Sinn bezeichnen zu können, schon deshalb nicht, weil es keine religiösen Humoristen geben kann, Kirche und Rabbiner mögen mir verzeihen. Um die Wahrheit zu sagen, lebe ich in der ständigen Furcht, nach meinem frühen Tod und meiner Ankunft im Jenseits entdecken zu müssen, dass die alten Ägypter recht hatten, dass es dort von Göttern mit Tierköpfen nur so wimmelt und dass wir mit unserem Monotheismus dann eher dumm dastehen werden ...

Aber solange das noch nicht geklärt ist, bleibe ich stolz darauf, jenem kleinen, hartnäckigen Volk anzugehören, das der Menschheit immerhin ein paar bedeutende Persönlichkeiten geschenkt hat, darunter Freud, Einstein,

Marx, Moses – und Christus. Vielleicht haben wir also doch einen kleinen Anteil am Weihnachtsfest. Zumindest dürfen wir darauf hinweisen, dass Jesus in eine redliche jüdische Handwerkerfamilie auf dem Boden des damaligen Staates hineingeboren wurde – mag es manchen Leuten auch unangenehm sein, dieses folgenschwere Ereignis auf eine so simple Formel gebracht zu sehen.

Im Gedenken an seine trüben Kindheitserlebnisse bittet der Schreiber dieser Zeilen die Welt, ihr behilflich sein zu dürfen, wenn sie den nächsten Weihnachtsbaum nach Hause trägt. Dass ein vergessliches Europa uns allzu viele Geschenke unter den Baum des Friedens, der Liebe und des guten Willens legen wird, erwarten wir ohnehin nicht.

Weihnachten
für Fortgeschrittene

Der Stern

Hatt einer auch fast mehr Verstand,
Als wie die drei Weisen aus Morgenland,
Und ließe sich dünken, er wär wohl nie
Dem Sternlein nachgereist wie sie;
Dennoch, wenn nun das Weihnachtsfest
Seine Lichtlein wonniglich scheinen lässt,
Fällt auch auf sein verständig Gesicht,
Er mag es merken oder nicht,
Ein freundlicher Strahl
Des Wundersternes von dazumal.

Wilhelm Busch

The leicht different Weihnachtsgedicht

When the snow falls wunderbar,
And the children happy are,
When Glatteis is now on the street,
And we all a Glühwein need.
Then, you know, es ist so weit,
She is here, the Weihnachtszeit.

Every Parkhaus is besetzt,
Weil die people fahren jetzt,
All to Kaufhof, Mediamarkt,
Kriegen nearly Herzinfarkt,
Shopping hirnverbrannte things,
And the Christmasglocke rings.

Mother in the kitchen bakes.
Schoko-, Nuss- and Mandelkeks,
Daddy in the Nebenraum,
Schmücks a Riesen-Weihnachtsbaum,
He is hanging off the balls,
Then he from the Leiter falls ...
Finally the Kinderlein,
To the Zimmer kommen rein,
And it sings the family,
Schauerlich: „Oh, Tannentree!"

And now jeder in the house,
Is packing the Geschenke aus.
Mama's finding under the Tanne,
Eine brandnew Teflon Pfanne,
Papa gets a Schlips and Socken,
Everybody does frohlocken.

President speaks in TV,
All around is Harmonie,
Bis mother in the kitchen runs:
Im Ofen burns the Weihnachtsgans.
And so comes the Feuerwehr,
With tatütata daher.

And they bring a long, long Schlauch,
And a long, long Leiter auch,
And they all schrei „Wasser marsch …"
Weihnachten came to an end.

Theodor Fontane

An Emilie

(zum 24. Dezember 1891)

Noch einmal ein Weihnachtsfest,
Immer kleiner wird der Rest,
Aber nehm ich so die Summe,
Alles Grade, alles Krumme,
Alles Falsche, alles Rechte,
Alles Gute, alles Schlechte –
Rechnet sich aus all dem Braus
Doch ein richtig Leben raus,
Und dies können ist das Beste
Wohl bei diesem Weihnachtsfeste.

Es gibt tatsächlich Leute, die Weihnachtsfeste
veranstalten. Ist das komisch!
Gustave Flaubert

Meine Großmutter hat mir so lange eingeredet,
das Christkind sei ein Engel mit langem weißem
Haar, bis ich mir ganz sicher war, dass es einmal
an meinem Fenster vorbeigeflogen ist.
Rainhard Fendrich

Also es ist schon eine wunderliche Welt, in der's
von Eseln abhängt, ob der Heiland am Leben
bleibt.
Thornton Wilder

Anfänger freuen sich auf den Weihnachtsmann,
Fortgeschrittene auf die Rute.
Charles Laughton

Weihnachten, eine Zeit der Stille und Besinnung,
bis jemand auf die Idee kam, dass Geschenke sein
müssen.
Unbekannt

Die schwierigste Aufgabe des Vaters zu Weihnachten:
Den Kindern klarmachen, dass er der Weihnachtsmann ist, und der Frau klarmachen, dass er es nicht ist.
Unbekannt

***

Es ist sehr fraglich, ob Gänse, Karpfen und Truthähne das Weihnachtsfest als Erlösung betrachten.
Gerrit Vissers

***

Für mich war der Weihnachtsmann immer so etwas wie ein reaktionäres Symbol für Trost und Überfluss.
Peter Ustinov

***

In der Heiligen Nacht tritt man gern einmal aus der Tür und steht allein unter dem Himmel, nur um zu spüren, wie still es ist, wie alles den Atem anhält, um auf das Wunder zu warten.
Heinrich Waggerl

***

Es ist schon das siebte Mal, dass meine Schwiegermutter an Weihnachten zu uns kommt. Diesmal lassen wir sie rein.
Woody Allen

***

Schenken heißt, einem anderen etwas geben, was man am liebsten selbst behalten möchte.
Selma Lagerlöf

Die Ware Weihnacht ist nicht die wahre Weihnacht.
Kurt Marti

✦

Wie glücklich man fern der Familie war, merkt man
erst zur Weihnachtszeit.
Hermann Hesse

✦

Wer zu Weihnachten Gutes tun will, richtet auch
sonst viel Schaden an.
Arthur Koestler

✦

Singt, Kinder, singt! Aber erst, wenn ich
um die Ecke bin.
Karl Valentin

Autoren- und Quellenverzeichnis

Arkadij Awertschenko (1881–1925)
Eine Pute mit Maronen
Aus: In der Weihnachtsstadt. Advents- und Weihnachts-
geschichten. Hrsg. von E. Frank, Agentur des Rauhen
Hauses, Hamburg 1977

Dietmar Bittrich (* 1958)
Der Weihnachtsmarkt der Völker und
Im Weihnachtsmärchen
Aus: Dietmar Bittrich, Das Weihnachtshasser-Buch
© 2005, Rowohlt Verlag GmbH, Reinbek bei Hamburg

Heinrich Böll (1917–1985)
Nicht nur zur Weihnachtszeit *(gekürzt)*
Aus: Werke. Kölner Ausgabe. Band 6 von Heinrich Böll,
hrsg. von Àrpád Bernáth in Zusammenarbeit mit
Annamária Gyurácz
© 2007, Verlag Kiepenheuer & Witsch GmbH & Co. KG, Köln

Manfred Degen (* 1949)
Weihnachtsbaden
Originalbeitrag

Heinz Erhardt (1909–1979)
Feste
Aus: Das große Heinz Erhardt Buch
© 2009, Lappan Verlag, Oldenburg

Theodor Fontane (1819–1898)
An Emilie
Aus: Gelegenheitsgedichte aus dem Nachlass (1839–1898)

Robert Gernhardt (1937–2006)
Die Falle. Eine Weihnachtsgeschichte
© Robert Gernhardt 1993. Alle Rechte vorbehalten
S. Fischer Verlag GmbH, Frankfurt am Main

Max von der Grün (1926–2005)
Wir sind eine demokratische Familie
Aus: Stille Nacht allerseits. Hrsg. von Uwe Wandrey,
Rowohlt Verlag, Reinbek 1972
© Pendragon Verlag, Bielefeld 2013

Dieter Hildebrandt (1927)*
Der Mohn ist ausgegangen
Wie man 1945 Mohnkließla machte
Aus: Essen und Trinken mit Kabarettisten. Hrsg. von Rolf
Cyriax, Deutscher Taschenbuch Verlag, München 2002
Mit freundlicher Genehmigung des Autors

Erich Kästner (1899–1974)
Brief an den Weihnachtsmann
Aus: Gesammelte Schriften, Bd. 5, Aus der „Weltbühne"
© Atrium Verlag, Zürich 1929 und Thomas Kästner

Ders.:
Verhinderte Weihnachten
Aus: Lärm im Spiegel
© Atrium Verlag, Zürich 1929 und Thomas Kästner

Ders.:
Weihnachtslied, chemisch gereinigt
Aus: Herz auf Taille
© Atrium Verlag, Zürich 1928 und Thomas Kästner

Ephraim Kishon (1924–2005)
Weihnachtsgedanken eines Israeli
Aus: Kein Öl, Moses?
© 1974, LangenMüller in der F.A. Herbig Verlagsbuchhand-
lung GmbH, München

Klabund (1890–1928)
Bürgerliches Weihnachtsidyll
Aus: Die Harfenjule (1927)

Georg Kreisler (1922–2011)
Der Weihnachtsmann auf der Reeperbahn
Aus: Wenn ihr lachen wollt ... Ein Lesebuch. Hrsg. von Thomas B. Schumann, Edition Memoria, Hürth bei Köln 2001
Mit freundlicher Genehmigung von Barbara Kreisler-Peters

Christian Morgenstern (1871–1914)
Das Weihnachtsbäumlein
Aus: Sämtliche Gedichte

Erich Mühsam (1878–1934)
Weihnachten
Aus: Sammlung 1898–1928

Gerhard Polt (1942)*
Meine erste Revolution und **Kindermodenschau**
Aus: Gerhard Polt. Bibliothek. Werke in 10 Bänden
© 2012, Kein & Aber AG, Zürich

Helmut Qualtinger (1928–1986)
Traviceks Weihnachtseinkäufe
Aus: Werkausgabe, Band 3. Hrsg. von Traugott Krischke, Deuticke Verlag
© Paul Zsolnay Verlag Ges.m.b.H, Wien

Joachim Ringelnatz (1883–1934)
Einsiedlers Heiliger Abend, **Weihnachten**
Aus: Sämtliche Gedichte

Ders.:
Die Weihnachtsfeier des Seemanns Kuttel Daddeldu
Aus: Die gebatikte Schusterpastete (1921)

Anneliese Röck (1934)*
Ein Teufelstag im Advent
Aus: In der Weihnachtsstadt. Advents- und Weihnachtsgeschichten. Hrsg. von E. Frank, Agentur des Rauhen Hauses, Hamburg 1977
Mit freundlicher Genehmigung der Autorin

Hans Scheibner (* 1936)
Weihnachten antizyklisch und **Hänsel und Gretel im 21. Jahrhundert. Ein Weihnachtsmärchen**
Originalbeiträge

Arno Surminski (* 1934)
Der rosarote Kakadu
Aus: Die masurische Eisenbahnreise und andere heitere Geschichten
© 2010, Ellert & Richter Verlag GmbH, Hamburg

Ders.:
Unheiliger Abend
Originalbeitrag

Ludwig Thoma (1867–1921)
Der Christabend. Eine Familiengeschichte
Aus: Nachbarsleute (1913)

Kurt Tucholsky (1890–1935)
Großstadt-Weihnachten, **Weihnachten**, **Weihnachten** und **Einkäufe**
Aus: Gesamtausgabe. Rowohlt Verlag, Reinbek bei Hamburg

Karl Valentin (1882–1948)
Das Christbaumbrettl und „Heiliger Abend" – abgesagt
Aus: Sämtliche Werke, Band 5 (1997) und Band 7 (1996)
© Piper Verlag GmbH, München

Vorfreude ist die schönste Freude ...

Jutta Kürtz
Weihnachten in Norddeutschland
Geschichten und Rezepte zur Winter- und Adventszeit

224 Seiten mit 132 Abb.
Klappenbroschur
978-3-8319-0448-8
€ 14,95

Die Autorin lässt alte Traditionen wieder aufleben, verrät Rezepte zum Nachkochen, gibt Geschenktipps und vermittelt nordisches Brauchtum.

Jutta Kürtz ist Spezialistin für Kulinarisches und aktuelle Medienfragen sowie Landesvorsitzende des Schleswig-Holsteinischen Heimatbundes.

Rüdiger Vossen
Weihnachtsbräuche in aller Welt
Von Martini bis Lichtmess

336 Seiten mit 107 Abb.
Klappenbroschur
978-3-8319-0474-7
€ 19,95

Ein Weihnachtshandbuch, das rund um den Globus führt und von Sitten und Gebräuchen aus aller Welt berichtet – von typischen Weihnachtssymbolen bis zu den Themen Schenken und Konsum.

Dr. Rüdiger Vossen war lange Leiter der Eurasien-Abteilung des Museums für Völkerkunde in Hamburg.

Hans Scheibner
Wer nimmt Oma?
Weihnachtssatiren

192 Seiten
Hardcover mit
Schutzumschlag
978-3-8319-0133-3
€ 14,95

Wer nimmt Oma? Diese
und andere dringliche
Fragen verhandelt der
Autor in seinen Weih-
nachtssatiren mal bissig
und ironisch, mal heiter
oder nachdenklich, aber
immer mit überraschenden
Wendungen.

Hans Scheibner ist satirischer
Schriftsteller, Kabarettist,
Liedermacher und „Läster-
lyriker".

*Vom Weihnachtsmann auf der
Reeperbahn bis zu den weihnachtlichen Müllproblemen,
vom Tempel der Düfte bis zum
aufmüpfigen Kinder-Wunsch-
zettel entsteht ein wirkliches
Weihnachtsvergnügen: Man
lacht, man schmunzelt und
man erkennt sich selbst.*
Buchtipp

*Hans Scheibner weiß, welche
Wortanschläge Weihnachten
zur Satire machen.*
Buchjournal

*Dass Weihnachten für viele
längst zum Fest der unheiligen
Bescherungen, der Konsum-
exzesse und des Familien-
gezänks verkommen ist, ist hin-
länglich bekannt. Doch nur
wenige schreiben darüber so
wunderbar bissig und ent-
larvend wie Hans Scheibner in
seinen Weihnachtssatiren.*
Sonntag

Impressum

Bibliografische Information der Deutschen Bibliothek
Die Deutsche Bibliothek verzeichnet diese Publikation in
der Deutschen Nationalbibliografie; detaillierte bibliografische Daten sind im Internet über http://dnb.ddb.de abrufbar.

ISBN 978-3-8319-0534-8

© Ellert & Richter Verlag GmbH, Hamburg 2013

Textzusammenstellung: Werner Irro, Hamburg
Covergestaltung: BrücknerAping Büro für Gestaltung,
Bremen; Innenteil nach Entwürfen von BrücknerAping
Büro für Gestaltung
Titelabbildung: Fotolia © Winne
Gesamtherstellung: CPI books GmbH, Leck

Trotz sorgfältiger Recherche war es nicht bei allen Texten
möglich, die Rechteinhaber zu ermitteln. Wir bitten diese,
sich gegebenenfalls mit dem Verlag in Verbindung zu setzen.

www.ellert-richter.de